जगद्गुरु श्रीशंकराचार्य

जगद्‌गुरु
श्रीशंकराचार्य

दीनदयाल उपाध्याय

प्रभात प्रकाशन

एकात्म मानवदर्शन
अनुसंधान एवं विकास प्रतिष्ठान
ekatmrdvf@yahoo.co.in

प्रकाशक

प्रभात प्रकाशन प्रा. लि.

4/19 आसफ अली रोड, नई दिल्ली-110002

फोन : 23289777 • हेल्पलाइन नं. : 7827007777

इ-मेल : prabhatbooks@gmail.com ❖ वेब ठिकाना : www.prabhatbooks.com

संस्करण

2026

पेपरबैक मूल्य

तीन सौ रुपए

मुद्रक

नरुला प्रिंटर्स, दिल्ली

★

JAGADGURU SHRI SHANKARACHARYA

by Shri Deendayal Upadhyaya

Published by **PRABHAT PRAKASHAN PVT. LTD.**

4/19 Asaf Ali Road, New Delhi-110002

ISBN 978-93-7573-043-9

₹ 300.00 (PB)

भूमिका

श्रद्धेय पं. दीनदयाल उपाध्याय का प्रारंभिक साहित्य निबंधात्मक है। इन निबंधों में हमें वैचारिक परिपुष्टता एवं विश्लेषकीय क्षमता के दर्शन होते हैं। दीनदयालजी संघ के प्रचारक थे, राष्ट्रीय स्वयंसेवक संघ के कार्य में शाखा की केंद्रीय भूमिका होती है, जिसमें सामान्यतः बाल, किशोर व तरुण स्वयंसेवक आते हैं। शाखा संस्कार केंद्र होती है। प्राचीन गुरुकुलों का वह नवीन संस्करण है, जहाँ गुरु परम पवित्र भगवा ध्वज एवं स्वयंसेवक शिष्यवत् हैं। एक घंटे का यह आजन्म गुरुकुल मनुष्य निर्माण का अद्‌भुत अभियंत्र है।

दीनदयालजी ने अपने निबंधों में देश की प्रज्ञा का आह्वान किया, उनकी वैचारिकी को झकझोरा है, लेकिन शाखाओं को तो ललित साहित्य की आवश्यकता थी। एक बार उत्तर प्रदेश संघ के तत्कालीन प्रांत प्रचारक श्री भाऊराव देवरस ने एक बैठक में कहा कि शाखाओं पर बाल स्वयंसेवक बहुत आ रहे हैं, लेकिन अपने विचार को पुष्ट करने वाला कोई बाल-साहित्य उपलब्ध नहीं है, इसकी आवश्यकता है। दीनदयालजी बैठक में थे, उन्होंने सुना। रात भर उन्होंने लिखा, प्रातःकाल मा. भाऊराव को एक पांडुलिपि सौंपी, देखिए, यह बाल स्वयंसेवकों के लिए कैसी रहेगी। वह 'सम्राट् चंद्रगुप्त' शीर्षकांकित एक बाल उपन्यास था। वह बहुत लोकप्रिय हुआ तो फिर माँग हुई कि तरुणों के लिए भी एक ऐसी ही साहित्यिक कृति चाहिए, तब दीनदयालजी ने 'जगद्‌गुरु शंकराचार्य' शीर्षक से दूसरा उपन्यास लिखा। वह भी बहुत लोकप्रिय हुआ। स्वयंसेवक के नाते जिस निष्ठापूर्ण व्यक्तित्व का

निर्माण करना था, इसके लिए 'सम्राट् चंद्रगुप्त' तथा प्रचारक के नाते जीवन-व्रती तैयार करने के लिए 'जगद्‌गुरु शंकराचार्य' औपन्यासिक कृतियों का दीनदयालजी ने सृजन किया। उनके भीतर का साहित्यकार इन दोनों कृतियों में परिलक्षित है।

यह एक संयोग है कि ये कृतियाँ उनके ललित साहित्य की प्रथम एवं अंतिम देन भी हैं। लेकिन जिस वैचारिक पृष्ठभूमि को ये कृतियाँ व्यक्त करती हैं, जो 1946 व 1947 में व्यक्त हुई थी, उसी का पुनः स्मरण उन्होंने 1964-65 में किया, जब उन्होंने 'एकात्म मानववाद' के सिद्धांत का प्रणयन किया। इस संदर्भ में प्रकाशित 'सिद्धांत व नीति' प्रारूप की प्रस्तावना में वे लिखते हैं—

"आज भारत के इतिहास में क्रांति लानेवाले दो पुरुषों की याद आती है। एक वह कि जब जगद्‌गुरु शंकराचार्य सनातन बौद्धिक धर्म का संदेश लेकर देश में व्याप्त अनाचार को समाप्त करने चले थे और दूसरा वह कि जब 'अर्थशास्त्र' की धारणा का उत्तरदायित्व लेकर संघ राज्यों (Republics) में बिखरी राष्ट्रीय शक्ति को संगठित कर साम्राज्य की स्थापना करने चाणक्य चले थे। आज इस प्रारूप को प्रस्तुत करते समय वैसा ही तीसरा महत्त्वपूर्ण प्रसंग आया है, जब कि विदेशी अवधारणाओं के प्रतिबिंब पर आधारित मानव संबंधी अधूरे व अपुष्ट विचारों के मुकाबले विशुद्ध भारतीय विचारों पर आधारित मानव कल्याण का संपूर्ण विचार 'एकात्म मानववाद' के रूप में उसी सुपुष्ट भारतीय दृष्टिकोण को नए सिरे से सूत्रबद्ध करने का काम हम प्रारंभ कर रहे हैं।"

ये दोनों कृतियाँ सात दशक पुरानी हैं तथा 'सिद्धांत और नीति' पाँच दशक पुरानी है। आज इनकी प्रासंगिकता और बढ़ गई है, क्योंकि राष्ट्र-जीवन में वैसे ही अनाचार व विखंडन पुनः अपना सर उठा रहे हैं।

—डॉ. महेश चंद्र शर्मा

अध्यक्ष
एकात्म मानवदर्शन अनुसंधान एवं विकास प्रतिष्ठान
एकात्म भवन, 37, दीनदयाल उपाध्याय मार्ग,
नई दिल्ली-110002
दूरभाष : 011-23210074

मनोगत

हमारे राष्ट्र निर्माताओं में जगद्गुरु श्रीशंकराचार्य का स्थान बहुत ऊँचा है। कई विद्वानों ने तो उन्हें आधुनिक हिंदू धर्म का जनक ही कहा है।

जनसाधारण स्वामी शंकराचार्य को बौद्ध धर्म के विनाशक तथा हिंदू धर्म के संस्थापक के रूप में देखता है तो कई विद्वानों को उनमें 'प्रच्छन्न बौद्ध' दृष्टिगोचर होता है। सत्यांश दोनों ही चित्रों के पीछे है, क्योंकि उनके युग की संपूर्ण सहस्राब्दी का इतिहास केंद्रापगामी बौद्ध धर्म तथा केंद्राभिमुखी हिंदू धर्म के पारस्परिक-संघर्ष तथा समन्वय का इतिहास है।

जगद्गुरु श्रीशंकराचार्य का जन्म उस समय में हुआ था, जब बौद्ध धर्म का ह्रास हो रहा था। धर्म के नाम पर अनाचार फैल रहा था। बौद्ध धर्म को राज्याश्रय देने वाली केंद्रीय सत्ता निर्बल हो रही थी। अनेक वर्षों तक राज्याश्रय का उपभोक्ता होने के परिणामस्वरूप सत्ता की चाट बौद्धों को लग चुकी थी। वे सत्ता को हाथ से जाने देना नहीं चाहते थे। विरोधियों ने इस परिस्थिति का लाभ उठाया। ढलती हुई बौद्ध-सत्ता के उन्नायक बनकर उन्होंने भारत में प्रवेश किया। भारतीय बौद्धों ने सत्ता के लोभ में अपने-पराये का विवेक खोकर उनका सत्कार किया। उनके साथ सब प्रकार का सहयोग किया। प्रखर राष्ट्रीयता का पोषक हिंदू समाज इसे सहन न कर सका और कुमारिल भट्ट द्वारा प्रज्वलित चिनगारी शंकराचार्य के रूप में दावानल बनकर प्रकट हुई।

इस दावानल ने हिंदू धर्म के अंदर-बाहर चारों ओर उगने वाले झाड़-झंखाड़ को भस्मसात् कर दिया। इस अग्नि में तपकर हिंदू धर्म पहले से अधिक तेजस्वी बनकर कुंदन के रूप में निखर आया। धर्म की रक्षा हुई। देश

की रक्षा हुई। स्वामी शंकराचार्य ने बुद्ध को हिंदू धर्म के अवतारों में स्थान देकर बौद्धों की केंद्रापगामी दृष्टि फेर दी। फिर घर-घर में देश का गुंजन प्रारंभ हो गया।

शंकराचार्य ने इतना ही नहीं तो समस्त हिंदू-राष्ट्र को एक सूत्र में पिरोने एवं उसे संगठित करने का प्रयास किया। देश के चारों कोनों पर चार धामों के प्रति श्रद्धा केंद्रित करते हुए उन्होंने संपूर्ण भारतवर्ष की, मातृ-भू की मूर्ति जन-जन के हृदय पर अंकित कर दी। पंचायतन का पूजन प्रारंभ कर विभिन्न संप्रदायों को एक-दूसरे के आराध्य देवों के प्रति केवल सहिष्णुता का भाव ही नहीं तो सभी देवताओं के प्रति अपने इष्टदेव के माध्यम से वही श्रद्धा एवं आदर का भाव व्यक्त करने को प्रेरित किया, इसके अनुसार प्रत्येक पाँचों देवताओं विष्णु, शिव, शक्ति, गणपति और सूर्य की पूजा करता है। अपनी श्रद्धा के अनुसार अपने इष्टदेव को बीच में तथा चारों ओर अन्य चार देवताओं को रखकर पूजन करने की उसे छूट है। चार धामों के समान ही उन्होंने समाज को धर्म मार्ग पर नियंत्रित एवं अनुशासित रखने के लिए चार शंकराचार्यों की अध्यक्षता में भारत के चारों कोनों में चार मठ स्थापित किए।

—प्रकाशक

अनुक्रम

अवतरण

शिवगुरु सब प्रकार से साधन-संपन्न होने पर भी सुखी नहीं था। अपनी सुशीला विदुषी भार्या आर्यंबा की सूनी गोद देखकर वह अपने जीवन में एक अपूर्णता का अनुभव करता था। अपने पड़ोसियों तथा संबंधियों के बच्चे जब उसके घर आते तो आर्यंबा ललककर उनको गोद में उठा लेती, घड़ियों उनके साथ खेलती रहती, उनको नहलाती, धुलाती, सजाती, सँवारती। उनके साथ इतना परिश्रम करने के बाद अंत में वे अपने-अपने घर चले जाते तो उसका हृदय एकदम बैठ जाता। शून्य की ओर दृष्टि लगाए न जाने कितने समय तक वह अपने द्वार पर खड़ी रहती। उसकी इस अवस्था को देखकर शिवगुरु भी सोचता, काश! उसके भी एक बालक होता! त्योहार आते और ऐसे ही चले जाते। उसके मन में कभी नहीं आता कि बाजार से कोई नई चीज खरीदकर घर ले चलूँ। मेले-तमाशों में वह कभी नहीं जाता था। नदी-स्नान करने जाते समय जब छोटे-छोटे बच्चों को अपने माता-पिता की अंगुली पकड़कर जाते हुए देखता तो वह भी अपने हाथों की चारों अंगुलियाँ बंद करके एक अंगुली खुली छोड़ देता, परंतु दूसरे ही क्षण लज्जा के मारे उत्तरीय के आँचल में हाथ छिपा लेता, मानो निरवलंब अंगुली टूटकर गिरना ही चाहती हो। ज्यों-ज्यों आयु बढ़ती जाती थी, त्यों-त्यों संतान की कमी ब्राह्मण दंपती को अखरने लगी। पुत्र-प्राप्ति के लिए वे सबकुछ करने को तैयार थे।

आज आर्यंबा और दिनों से भी अधिक दु:खी थी। पड़ोस के सोमदेव का पुत्र हरिदेव गुरुकुल जा रहा था। अभी तक वह उनके पास आ जाता था, उससे वह अपना दिल बहला लेती थी, कुछ क्षणों के लिए अपने आपको

भूल जाती थी। आर्यंबा चाहती थी कि हरिदेव यदि अभी गुरुकुल न जाए तो अच्छा हो। और इसलिए अंत में उसने सोमदेव से कह ही तो दिया, ''भैया सोमदेव! हरि अभी तो छोटा ही है; एकाध वर्ष और खेलने-खाने दो न! फिर गुरुकुल तो जाना ही है।''

''आप्त जनों को तो बालक सदा ही छोटा लगता है बहिन!'' सोमदेव ने कहा, ''आजकल तो जितनी छोटी आयु में हो सके, उतने में ही बालक को गुरु के पास भेज देना चाहिए। चारों ओर नास्तिकवादी बौद्धों तथा वाममार्गियों का प्रभाव इतना बढ़ता जा रहा है कि यदि छोटी आयु में ही वैदिक धर्म के भले संस्कार न पड़े तो कुमार्ग पर बह जाने का डर रहता है। न मालूम कब इन वेद-विरोधियों का नाश होगा?' सोमदेव ने एक ठंडी साँस लेकर चलने को मुँह मोड़ा। हरिदेव ने आर्यंबा के चरण छुए। आर्यंबा ने भी आशीर्वाद दिया, परंतु उसके मन में उछाह नहीं था। मन बैठा जा रहा था। आँखों से दो बूँदें आँसू की टपक पड़ीं। उसे पुत्र का अभाव खलने लगा। भरे हुए मन तथा रुद्ध कंठ से उसने भगवान् से प्रार्थना की। उसने एक पुत्र माँगा, अपने लिए नहीं, पर अपने धर्म के लिए, अपने देश के लिए। उसने भगवान् शंकर की आराधना करने का निश्चय कर लिया। उसे विश्वास था कि भगवान् उसकी इस धर्म-भावना से प्रेरित कामना को अवश्य पूरा करेंगे।

इस कठिन तपश्चर्या में शिवगुरु ने उसका साथ दिया। उनकी आराधना निरंतर चलती रही। उन्हें अपनी सुधबुध नहीं थी। रात को भगवान् का भजन करते-करते न मालूम कब निद्रा देवी उन्हें अपने अंक में छिपा लेती थी और न मालूम कब भगवान् बुद्ध के गृहत्याग की भाँति चुपके से उनको छोड़कर चली जाती। प्रात:काल उषा को साथ लेकर अंशुमाली जगत् को जगाते हुए अपने करों से उनका द्वार खटखटाते तो उन्हें पहले ही जाग्रत् तथा तपमग्न पाते। उषा भगवान् मरीचिमाली का साथ छोड़कर इस दंपती की सेवा करने में अपना अहोभाग्य समझती। उनका आनन तेजपुंज से परिवेष्टित हो चमक उठता। दोपहर को तप्तांशु उनके साथ तप करने की होड़ लगाते, परंतु शिवगुरु और आर्यंबा के तप के सामने उनका तप फीका पड़ जाता, हारकर लज्जा से लाल-मुँह किए अंतरिक्ष की ओट में भाग जाते। रात्रि को चंद्रोदय होता, मानो भगवान् शशिभाल ही कृष्ण बाघंबर ओढ़े भक्तों की रक्षा को

आए हैं। रात भर भगवती गिरिजा के साथ-साथ अपने भक्त की रक्षा करते। उनकी कठिन तपश्चर्या को देखकर गिरीश-नंदिनी आँसू बहाती तथा भगवान् शिव अट्टहास कर उठते। उमा के आँसू ओसकण बनकर गिर पड़ते तथा भगवान् का हास्य पूर्वाकाश पर छा जाता। कई दिनों तक यही क्रम चलता रहा। भगवान् चंद्रभाल के चंद्र की कलाएँ घटने लगीं, कला-रहित कलानाथ की कल्पना ने ही उनको विकल कर दिया। उन्हें इस ब्राह्मण दंपती की तपस्या के सामने झुकना पड़ा।

एकाएक शिवगुरु को लगने लगा मानो उसकी इच्छा पूर्ण हो गई। आर्यंबा की अंतरात्मा पुकार-पुकारकर कहने लगी कि अब उसको तप करने की आवश्यकता नहीं है। उसको पुत्ररत्न प्राप्त होगा। आत्मा की पुकार परमात्मा की वाणी होती है, यह वे जानते थे। उन्होंने भगवान् के इस इंगित के अनुसार चलना अहोभाग्य समझा।

शिवगुरु और आर्यंबा अपने घर चले आए। उनका जीवन अब नीरस नहीं था, निरुद्देश्य इधर-उधर भटकने वाले व्यक्ति के समान अब उनका जीवन नहीं था। हिंदू धर्म की महानता का ज्ञान रखने वाले शिवगुरु ने भावी बालक के जन्म के पूर्व से समस्त संस्कार यथाविधि किए। वह जानता था कि मनुष्य का जीवन संस्कारों पर अवलंबित है। उसके जीवन की लालसा पूर्ण होने वाली थी, उसमें वह असावधानी कैसे करता और फिर उन्होंने देश और समाज के लिए एक सर्वज्ञ पुत्र की याचना की थी, उसको सर्वज्ञ बनाने में अपनी ओर से कोर-कसर वे कैसे रखते।

वह दिन भी अंत में आया। आर्यंबा के जीवन की साध पूरी हुई और देश के युग-युग की साध पूरी हुई। वैशाख शुक्ल दशमी को आर्यंबा की कोख से पुत्ररत्न का जन्म हुआ। उसे भगवान् शंकर का वरदान जानकर शिवगुरु ने उसका नाम शंकर रखा। भगवान् शंकर की तपश्चर्या करके भगीरथ एक दिन भारत में गंगा को लाए, जिसने भगीरथ के समस्त पूर्वजों का उद्धार किया तथा जो आज तक भारत के लिए सुख-संपत्ति की ख़ान बनी हुई है। उसने इस धर्म का उद्धार करके हमारी सभ्यता तथा राष्ट्रीयता को संपन्न किया।

□

बाल्यकाल

शिशु शंकर के लालन-पालन में माता आर्यंबा ने अपने आपको बिल्कुल भुला दिया। प्रातःकाल से लेकर सायंकाल तक दिन भर उनकी देख-रेख करती रहती, कब दिन समाप्त हो जाता, यह पता भी न लगता। यहाँ तक कि देखते-देखते एक वर्ष व्यतीत हो गया, माता-पिता को ऐसा लगता था कि शंकर का जन्म मानो कल ही हुआ है।

शंकर को देखकर पास-पड़ोस के सब लोग तथा बंधु-बांधव बड़े ही प्रसन्न होते थे। वैसे तो छोटे बच्चे सबको ही प्यारे होते हैं, परंतु शंकर तो लोगों को इतना प्यारा लगता था कि उनकी सदा यही इच्छा बनी रहती थी कि उसे अपनी छाती से ही लगाए रखें। हर एक का मन उसको खिलाने को चाहता था। जब लोग शंकर को प्रेम भरी दृष्टि से देखते तथा लपककर गोदी में उठाते तो आर्यंबा का दिल बाँसों उछल जाता। वह अपने को संसार में सबसे सुखी समझती।

एक वर्ष बाद शंकर की पहली अब्दपूर्ति (वर्षगाँठ) मनाई गई। चारों ओर आनंद छा गया। सबने अपनी शुभकामनाएँ प्रदर्शित कीं। बड़े-बूढ़ों ने अमर होने का आशीर्वाद दिया। सचमुच शंकर आज अमर है। शरीर से तो संसार में कोई अमर नहीं रहता। अमर तो वही है, जिसका यश अमर है। जब तक संसार में हिंदू जाति जीवित है, तब तक शंकर का नाम जीवित है और हिंदू जाति को तो शंकर ने समन्वय की संजीवनी पिलाकर अमर ही कर दिया है।

'होनहार बिरवान के होत चीकने पात', इस कहावत के अनुसार

बालक शंकर को देखकर लोग कल्पना करने लगे कि वह भविष्य में अवश्य ही महापुरुष होगा। उसकी प्रतिभा धीरे-धीरे प्रकट होने लगी। जब आर्यंबा उसकी बुद्धिमत्ता की बातें सुनती तो एक ओर उनका हृदय आह्लाद से परिपूर्ण हो जाता तो दूसरी ओर अनेक कुविचार उनको आ घेरते। लोग कहते हैं कि अत्यंत अल्पवय में ही बुद्धि की प्रगल्भता को प्रकट करने वाला व्यक्ति अल्पायु होता है, यह सोचकर वह एकदम सिहर उठतीं तथा अपने शंकर की दीर्घायु के लिए मनौतियाँ मनाने लगतीं।

शंकर की इस प्रकार असाधारण बुद्धि देखकर शिवगुरु ने तीन वर्ष के होते न होते उसकी पट्टी पुजवा दी। बालक शंकर ने अक्षराभ्यास प्रारंभ कर दिया। गुरु को उस समय बड़ा ही आश्चर्य हुआ, जब शंकर ने एक बार बताने पर ही अपना पाठ याद कर लिया। वह 'एकश्रुतिधर' था, अर्थात् जिस बात को एक बार सुनता, उसको उसी प्रकार अपने स्मृति-पटल पर अंकित कर लेता। पाँच वर्ष की आयु तक शंकर ने समस्त लौकिक साहित्य पढ़ लिया तथा आगे वेद पढ़ने के लिए तैयार हो गया। उसकी अद्वितीय योग्यता देखकर उसका गुरु अत्यंत प्रसन्न था। जब लोग शंकर की विद्या की प्रशंसा करते तो उसको लगता मानो उसी की प्रशंसा हो रही है और वह फूलकर कुप्पा हो जाता। यह बताने लगता कि शंकर को किस प्रकार व्याकरण पढ़ाया। कैसे छंद-शास्त्र पढ़ाया और कैसे शंकर ने दो ही वर्ष में सबकुछ पढ़ डाला। शंकर का गुरु होने के कारण वह अपने आपको धन्य समझता था। सच है, योग्य व्यक्ति अपना ही यश नहीं बढ़ाता, परंतु अपने संबंध में आने वाले सबकी यश-वृद्धि का कारण बनता है और इसीलिए सब लोग किसी-न-किसी प्रकार का प्रत्यक्ष या अप्रत्यक्ष संबंध स्थापित करने का अथवा कहीं भी लोगों को जताने का प्रयत्न करते हैं। अनेक शिष्यों को शिक्षा देने पर भी वह उनका नाम भी न लेता, मानो शंकर के सिवा और किसी को पढ़ाया ही न हो।

शंकर केवल विद्या और बुद्धि में ही नहीं बढ़ा-चढ़ा था, परंतु उसका स्वभाव इतना मीठा था कि जो कोई उससे एक बार मिलता, वह उसी का बन जाता था। वह इतना उदार तथा विशाल हृदय का था कि उसमें प्रत्येक का स्थान था और इसीलिए प्रत्येक ने उसको भी अपने हृदय में स्थान दिया।

उसके प्रेमपूर्ण व्यवहार तथा हृदय की विशालता का ही परिणाम है कि वह अपने आस-पास के लोगों की श्रद्धा और विश्वास संपादन कर सका। यही उसकी सफलता का रहस्य है। विद्या और बुद्धि से मनुष्य की विलक्षणता प्रकट होती है, उसके विषय में कुतूहल का अनुभव हो सकता है परंतु श्रद्धा और ममत्व का नहीं। उसके लिए तो काम केवल बुद्धि के बल पर नहीं बल्कि हृदय के बल पर हुए हैं। सौभाग्य से शंकर दोनों में ही बढ़ा-चढ़ा था। इसीलिए कालटी तथा उसके आसपास क्या बड़े क्या छोटे, सभी उसको प्राणपण से चाहते थे। इस प्रेम के कारण ही वह सबकी चर्चा का कारण बना हुआ था। इसी बीच उसे ऐसे मित्र मिले, जिन्होंने जीवनपर्यंत उसका साथ न छोड़ा, उनमें चित्सुख सबसे प्रसिद्ध है।

पाँच वर्ष की आयु में शंकर का उपनयन संस्कार हुआ तथा बालक शंकर वेदाध्ययन के निमित्त गुरुकुल गया। आर्यंबा के सामने छह वर्ष पूर्व का दृश्य आ गया। आज भगवान् से फिर प्रार्थना की कि शंकर वेद पढ़कर वैदिक धर्म का पुनरुत्थान करने में समर्थ हो। शंकर के गुरुकुल जाने के कारण घर सूना-सूना लगता था। परंतु आर्यंबा को दुःख नहीं था। हाँ, वह घर खाने को दौड़ता था। वह जानती थी कि उसका पुत्र ज्ञान-प्राप्ति के लिए गुरुकुल में गया है। अपने पुत्र के भव्य भविष्य को कल्पनाओं में ही उसका तथा शिवगुरु का समय व्यतीत होता था।

जितनी तीव्रता के साथ शंकर ने लौकिक विद्या प्राप्त की थी, उतनी शीघ्र ही उसने वेदों तथा वेदांगों का अध्ययन किया। अब शंकर केवल पढ़ता ही नहीं था, परंतु अपने साथ के विद्यार्थियों को पढ़ाता भी था। इस समय उसने 'बालबोध संग्रह' नाम का एक ग्रंथ भी रच डाला, जो उस छोटी आयु में भी उसमें कितनी बुद्धि की विलक्षणता थी, इसकी साक्षी-स्वरूप संसार के सम्मुख आज भी उपस्थित है। विषय को इतनी सरल भाषा में प्रस्तुत किया है कि 'बालबोध' वास्तव में ही बालबोध है।

वेद-मंत्रों का अर्थ उनके सामने अपने आप भी स्फुरित होता जाता था। मानो माता के दूध के साथ ही वह समस्त विद्या भी पी चुका हो, अथवा जैसा कि बाद में उसने बताया भी, समस्त ज्ञान पहले से ही मस्तिष्क में संचित हो, बस अज्ञान का आवरण स्वयमेव ही हटता जाता हो। इस छोटी आयु में

पढ़ते-पढ़ते उसने चारों ओर दिखने वाले भेद के स्थान पर वास्तविक अभेद को देखा। उसने अनुभव किया कि यह भेद केवल ऊपर-ही-ऊपर के हैं तथा असत्य हैं; वास्तव में तो हम सब एक हैं और वही सत्य है, उसी को वेद पुकार-पुकारकर कहते हैं। उसने इस सत्य को पहचाना तथा गुरुकुल में आने वाले अनेक नास्तिकवादी बौद्ध आदिकों से इसी आधार पर शास्त्रार्थ किया। शास्त्रार्थ में जिस ख़ूबी के साथ वह अपने प्रतिपक्षी का विश्वास संपादन करके अपने मत का मंडन करता था, उसको देखकर उसके गुरु-वर्ग को विश्वास हो गया कि शंकर अवश्य ही भारतवर्ष में वैदिक धर्म का प्रचार कर सकेगा तथा प्रत्येक स्थान पर शास्त्रार्थ में अजेय रहेगा।

गुरुकुलों की शिक्षा-पद्धति आज से भिन्न थी। जब राष्ट्र स्वतंत्र होता है तब शिक्षा उसके वास्तविक उद्‌देश्यों के अनुसार बालक की सुप्त शक्तियों का विकास करके समाज का चैतन्यपूर्ण घटक तथा योग्य नागरिक बनने के लिए ही दी जाती है। उस शिक्षा में समाज से संबंध-विच्छेद नहीं होता, अपितु पग-पग पर समाज का हमारे ऊपर कितना ऋण है, उसके प्रति हमारा क्या कर्तव्य है, यह याद दिलाई जाती है। अत: हमारे यहाँ पद्धति थी कि गुरुकुल में रहने वाला प्रत्येक विद्यार्थी, चाहे वह राजा का पुत्र हो अथवा रंक का, गाँव में जाकर भिक्षा माँगकर लाता था। इस प्रकार के बटु में गाँव के लोगों के प्रति कितना आदर, कितनी विनय, कितनी श्रद्धा तथा कितना अपनत्व होगा? 'ब्रह्मचारी' की 'भिक्षां देहि' की आवाज़ सुनते ही जब गृहिणी दौड़कर भिक्षा देने के लिए आती हों, तब किसका मस्तक कृतज्ञता के भार से न झुक जाएगा? उसके जीवन की चिंता करने वालों को सुखी बनाने की कौन जीवन भर प्राणपण से चेष्टा नहीं करेगा? विद्यार्थी वर्ग समाज से अलग वर्ग है। वह भाव उसके मन में कैसे आएगा? परतंत्र राष्ट्र के विद्यार्थियों के समान अपने समाज में अलग वर्ग बनाने वाले, समाज से भिन्न हो, उसके प्रति अश्रद्धा रखने वाले, परकीय भावनाओं से ओत-प्रोत विनय रहित, मानसिक दासता से जकड़े हुए विद्यार्थी उस समय नहीं होते थे। अपने मस्तिष्क को विदेशियों के हाथ बंधक रखने के कारण, जिनकी विचारशक्ति का दिवाला निकल गया है, स्वार्थी तथा आदर्शहीन जीवन ने जिनके हृदय के रस को शुष्क कर दिया है, जिनकी भावनाओं को काठ मार गया है तथा

वेदना कुंठित हो गई है, आलस्य का साम्राज्य देखकर जहाँ से पुरुषार्थ, उद्योग तथा कर्मण्यता कूच कर गए हैं, ऐसे विचारशून्य, भावनाहीन, कर्म-रहित विद्यार्थी उस समय नहीं होते थे।

गुरुकुल में रहते हुए अपने छोटे से जीवन में आस-पास के लोगों की शंकर पर कितनी अधिक श्रद्धा थी, इसका पता एक छोटी सी घटना से लग जाएगा। शंकर एक दिन भिक्षा माँगते-माँगते एक निर्धन के द्वार पर जा पहुँचा और 'भिक्षां देहि' की आवाज़ लगाई। घर में केवल ब्राह्मणी ही थी; उसके सामने बड़ी भारी समस्या उत्पन्न हो गई कि बटु को क्या दिया जाए। घर में तो कुछ था ही नहीं और ब्रह्मचारी को खाली हाथ लौटाना तो महापाप था। अंत में उसके घर में दस-बारह आँवले पड़े हुए थे, उनमें से एक आँवला उठाकर लाई तथा शंकर के सामने भिक्षा रूप में उपस्थित किया। उनकी आँखें डबडबा आईं। यद्यपि उसने अपने हृदय के दुःख को छिपाने का बहुत प्रयत्न किया, परंतु शंकर ताड़ गए कि अवश्य उसके हृदय में कुछ-न-कुछ दुःख है। जिस व्यक्ति ने अपना स्वार्थ नष्ट कर दिया हो तथा अपने हृदय में सच्ची सहानुभूति तथा संवेदना का अनुभव किया हो, जिसकी आत्मा दूसरों की आत्मा से समरस हो गई हो, भला उससे उस निर्धन ब्राह्मणी के हृदय की पीड़ा कैसे छिप सकती थी! शंकर का हृदय भी उस ब्राह्मणी के हृदय के साथ रो उठा। उसने पूछा, 'माँ! तुमको क्या दुःख है?'

'कुछ नहीं बेटा! दुःख काहे का? आज यही आँवला है भिक्षा में।' ब्राह्मण-पत्नी ने उत्तर दिया। उसकी आँखें भीग गईं, वह अपने आपको रोक नहीं पाई।

'तो क्या माँ, अपने लोगों से दुःख भी छिपाया जाता है?' शंकर ने कहा और अत्यंत आदर तथा स्नेह के साथ आग्रह करने लगा मानो वह उसकी माँ थी। अंत में उस ब्राह्मणी ने बताया कि ब्राह्मण अल्पसंतोषी है। केवल दिन भर के भोजन-निर्वाह का उपार्जन करता है। उससे अधिक घर में रखना चोरी समझता है। इसीलिए आज उसको भिक्षा देने के लिए केवल आँवला ही रहा, इसका उसे दुःख है। शंकर को ब्राह्मण परिवार की निर्धनता खटकने लगी, परंतु उसने सोचा कि केवल सहानुभूति दिखाने अथवा सांत्वना के दो शब्द कहने से क्या लाभ, यदि मैं प्रत्यक्ष इसके दुःख को दूर नहीं कर

सकता। कार्य करने की शक्ति के बिना सहानुभूति प्रदर्शन केवल मन की दुर्बलता है तथा शक्ति होते हुए कार्य न करना शक्तिदाता भगवान् के प्रति कृतघ्नता है। अत: उसने इस ब्राह्मण परिवार की निर्धनता और उसके दु:ख को दूर करने का निश्चय कर लिया। यह तो ब्रह्मचारी था, स्वयं भीख माँगकर अपना जीवन निर्वाह करता था, परंतु जानता था कि मन भिखारी अथवा निर्धन नहीं था। उसे अपने कृतित्व पर विश्वास था। बस वह अगले ही घर पर गया। वह एक धनी परिवार था। शंकर तो धनी लोगों के दरवाज़े पर बहुत कम जाता था। आज शंकर को अपने द्वार पर देखकर धनी व्यक्ति ने समझा कि न जाने किस जन्म के पुण्य उदय हो गए, जो एक ब्रह्मचारी और उसमें भी तीव्रबुद्धि तथा मृदुभाषी शंकर उसके द्वार पर भिक्षा माँगने के लिए खड़ा है। उंस समय के धनी लोग तरसते थे कि योग्य पात्र उसके द्वार पर आए और आज! शंकर ने 'भिक्षां देहि' की पुकार भी नहीं लगाई थी कि वह धनी व्यक्ति भिक्षा लेकर उपस्थित हो गया। शंकर ने भिक्षा के लिए हाथ आगे बढ़ाने के स्थान पर हाथ पीछे खींच लिए तथा मृदुस्मित हास्य के साथ मधुर शब्दों में बोले, 'जो अपने समाज के लोगों को अपना नहीं समझता, जिसके हृदय में अपने लोगों के लिए प्रेम नहीं, ममता नहीं, उसका अन्न खाकर क्या धर्म वृत्ति उत्पन्न हो सकेगी?'

वह सेठ भगवान् शंकर की बात न समझ सका, क्योंकि उसकी बुद्धि पर तो जितना अधिक उसका धन था, उतना ही घना आवरण चढ़ा हुआ था न! वह शरीर से ही नहीं, बुद्धि से भी मोटा था।

'मैं तो अपने को समाज का एक अकिंचन सेवक ही समझता हूँ, बटुकवर!' सेठ ने कहा।

'जिसके बगल में इतना निर्धन परिवार हो, वह स्वयं सुख और वैभव की गोद में खेलकर भी अपने को समाजसेवक कहे, अपने धर्म की दुहाई दे, यह कैसी विडंबना है?' शंकर ने तनिक दु:ख भरे शब्दों में कहा।

सेठ को बात लग गई। उसको एकदम अपनी स्थिति तथा कर्तव्याकर्तव्य का ज्ञान हो गया, मानो वह सोते से जाग पड़ा। उसने शंकर से क्षमा माँगी। कहते हैं कि उसने अपने धन से सोने के आँवले बनवाकर उस ब्राह्मण के घर में भर दिए। यह भी निश्चय किया कि भविष्य में धन को

केवल साधन समझकर उपयोग में लाऊँगा और अपने जीवन में समाज और धर्म की सेवा को ही प्रमुख स्थान दूँगा। सच्ची सहानुभूति से उत्पन्न घनीभूत वेदना से ओत-प्रोत हृदय से निकली हुई वाणी का ऐसा ही प्रभाव होता है।

आठ वर्ष की अवस्था तक शंकर गुरुकुल में रहा। समस्त वेद-शास्त्रों में पूर्ण पारंगत होने के कारण उसको आचार्य की उपाधि दी गई तथा शिवगुरु का शंकर 'शंकराचार्य' हो गया। परंतु शिवगुरु को यह सुख कहाँ बदा था! 'मेरे मन कछु और है विधना के कछु और।'

□

आकांक्षा

शंकराचार्य के गुरुकुल से लौटने के पहले ही शिवगुरु इस संसार को छोड़ चुके थे। शंकराचार्य अपने पिता से बहुत प्रेम करते थे, अतः पिता की मृत्यु से उनको बड़ा दुःख हुआ। परंतु दूसरी ओर उनको विश्वास हो गया कि भगवान् धीरे-धीरे उनके बंधन काट रहा है। अतः घर की परिधि से निकल संपूर्ण देश को अपना घर समझकर कार्य करने का उनका निश्चय और भी दृढ हो गया। अपने पिता का दाह-कर्म तथा अन्य पैत्रिमेधिक कर्म करते समय शरीर की अनित्यता का वे सतत चिंतन करते रहते थे। वे सोचते कि यदि मनुष्य को एक दिन मरना ही है तो वह कीड़े-मकोड़ों की भाँति क्षुद्र, स्वार्थ से परिपूर्ण जीवन व्यतीत करके क्यों मरे? इस जीवन को तथा इस जीवन के छोटे-छोटे सुखों को ही सर्वस्व एवं सत्य समझने के कारण मनुष्य उनके पीछे पड़ा रहता है तथा एक दिन जब इस नाशवान शरीर को छोड़ना पड़ता है, तब उसको दुःख होता है। इससे अच्छा तो यही है कि एक महान् ध्येय को लेकर सत्य मार्ग पर जीवन भर बढ़ते चले जाएँ तथा उसी ध्येय के लिए जब जीवन को समाप्त करने की आवश्यकता पड़े, तब शांति के साथ, हर्ष के साथ वह भी करने को तैयार रहें, जैसे कि साँप अपनी रक्षा के लिए केंचुल धारण करता है तथा एक दिन उसी के हेतु केंचुल को छोड़ देता है। उसमें उसको दुःख नहीं होता, क्योंकि उसे केंचुल से प्रेम नहीं होता। ये सब विचार उसके सामने श्मशान-वैराग्य के समान नहीं थे, परंतु इनके आधार पर ही उन्होंने अपने भावी जीवन का भवन निर्माण करने का निश्चय किया था।

अपनी माता के प्रेम तथा पिता का वार्षिक श्राद्ध करने की दृष्टि से वे

वर्ष भर घर पर ही रहे। इसी बीच माता के विचारों को अपने अनुकूल बनाने का उन्होंने भरसक प्रयत्न किया। वैसे तो आर्यंबा स्वयं विदुषी थीं, अपने देश और धर्म से प्रेम करती थीं तथा चाहती थीं कि शंकर के हाथों वैदिक धर्म का उद्धार हो, परंतु उनको यह पसंद नहीं था कि शंकर घर-बार छोड़कर काम करे, वह तो चाहती थीं कि शंकर विवाह करे, घर-गृहस्थी चलाए तथा उसके साथ-साथ ज़ितना हो सके, उतना वैदिक धर्म का उत्थान करने का भी प्रयत्न करे। इसमें उनका कुछ दोष भी नहीं है, क्योंकि एक तो माता-पिता का पुत्र के प्रति स्वाभाविक प्रेम होता ही है, उसका अपवाद माता आर्यंबा कैसे हो सकती थीं? दूसरे उस समय के हिंदू संन्यास लेकर देश का कार्य करने के पुराने आदर्श को न केवल भूल ही गए थे अपितु उसको बुरा भी समझते थे, क्योंकि बौद्धों ने अपने धर्म में संन्यास को प्रमुख स्थान दे रखा था। अतः साधारणतया अप्रचलित संन्यास धर्म का आश्रय शंकर ले, यह वे नहीं चाहती थीं।

माता आर्यंबा तथा उनके अन्य संबंधी शंकर की इस प्रवृत्ति को देखकर, चिंतित रहने लगे। एक दिन उनका एक भाई जयदेव उनसे मिलने आया। शंकर को घर में न देखकर उसने पूछा, "शंकर कहाँ है, बहिन?"

"क्या बताऊँ कहाँ है?" आर्यंबा ने ठंडी साँस लेते हुए कहा, "वह घर में रहता ही कहाँ है, न मालूम कहाँ-कहाँ घूमता रहता है?"

यह सुनकर जयदेव बोला, "इधर-उधर घूमना ठीक नहीं है, बहिन! आजकल नास्तिकवादी बौद्ध और वाममार्गी घूमते रहते हैं, किसी के चक्कर में पड़ गया तो ठीक न होगा। मैंने तो सुना है कि शंकर वेद-शास्त्रों में बड़ा पारंगत हो गया है।"

"हाँ, सो तो है भैया। वेद-शास्त्रों में तो वह आचार्य हो गया है, पर उसका आचार्य होना मेरे किस अर्थ, वह तो घर पर रहना ही नहीं चाहता। कहता है कि देश भर में इतने मतमतांतर फैले हैं कि लोग सच्चे वैदिक धर्म को भूल गए हैं तथा एक ही सत्य धर्म का आश्रय न लेने के कारण आपस में झगड़-झगड़कर निर्बल बने जा रहे हैं, इसीलिए घर छोड़कर सच्चे हिंदू धर्म का प्रचार किया जाए। अब तुम्हीं बताओ भैया, मैं क्या करूँ?"

जयदेव ने कुछ सोचा और बोला, "अरे, यह देश और धर्म की बातें तो

अभी बच्चा है, इसीलिए करता है। तुम उसका विवाह कर दो, घर-गृहस्थी के झंझट में पड़कर सब भूल जाएगा।''

आर्यंबा ने भी निश्चय कर लिया कि अब शंकराचार्य का शीघ-से-शीघ्र विवाह कर देना चाहिए, उनके संन्यास को रोकने का उन्हें यही एक उपाय दीखा। उधर शंकराचार्य के मन में संन्यास की इच्छा दिनो-दिन प्रबल होती जाती थी। केवल माता की अनुमति भर प्राप्त कर लेना चाहते थे। एक दिन शंकराचार्य अपनी माता के साथ नदी स्नान को जा रहे थे। शंकराचार्य ने माता के समक्ष अपनी संन्यास ग्रहण की इच्छा प्रकट की। उन्होंने कहा, ''माँ! तुम्हारी सदा ही इच्छा रही है कि मैं वैदिक धर्म का उद्धार करूँ, आज्ञा दो कि मैं संन्यास लेकर अपने जीवन के कार्य को प्रारंभ करूँ।''

आर्यंबा को एक धक्का सा लगा, परंतु उसने अपने को सँभालते हुए कहा, ''बेटा-बेटा! यह तुम क्या कहते हो? क्या अपनी बूढ़ी माँ को छोड़कर जाओगे, क्या कुछ पितृ- ऋण नहीं है?''

''हे माँ! पितृ-ऋण है और उसी को चुकाने के लिए तो मैं संन्यास ग्रहण करना चाहता हूँ। पिताजी ने जिस धर्म को जीवन भर निबाहा, वह धर्म यदि नष्ट हो गया तो बताओ माँ, क्या उन्हें दुःख नहीं होगा? उस धर्म की रक्षा से ही उन्हें शांति मिल सकती है। और फिर अपने बाबा, उनके बाबा और उनके बाबा की ओर भी तो देखो। हज़ारों वर्ष का चित्र आँखों के सामने आ जाता है। भगवान् श्रीकृष्ण ने इसी धर्म की रक्षा के लिए जीवन को लगा दिया, कौरव-पांडव में युद्ध तक कराया। अपने जीवन में वे धर्म की स्थापना कर गए, लोग धीरे-धीरे भूलने लगे। शाक्य मुनि (गौतम बुद्ध) के काल तक धर्म में फिर बुराइयाँ आ गईं। उन्होंने भी इसकी बुराइयों को दूर करने का प्रयत्न किया, पर आज भी उनके सच्चे अभिप्राय को लोग भूल गए हैं, व्यर्थ ही नास्तिकतावाद का प्रचार कर रहे हैं। माँ! इन सब पूर्वजों का हमारे ऊपर ऋण है या नहीं?''

''ये विद्वत्ता की बातें मैं क्या जानूँ शंकर! पर बता मेरा संस्कार कौन करेगा? सब पितरों को पानी कौन देगा?'' आर्यंबा ने कहा।

''मैं करूँगा संस्कार माँ, मैं करूँगा और मैं दूँगा अपने पितरों को पानी।''

"और तेरे बाद?"

"मेरे बाद सब हिंदू समाज है, वह तेरा नाम लेगा, तेरा गुण गाएगा, यही है असली श्राद्ध। यदि हिंदू समाज नष्ट हो गया, तो फिर तू ही बता माँ, कोई दो हाथ, दो पैर वाला तेरे वंश में हुआ तो क्या तुझे वह पानी देगा? कभी तेरा नाम लेगा?"

माता आर्यंबा चुप थीं। तर्क और भावना कभी-कभी साथ नहीं चलते; मनुष्य भावनाओं के समूह के पीछे चलता है। वह भावनाओं का दास नहीं है, ऐसा लोगों को दिखाने के लिए तथा अपने अहंकार को शांत करने के लिए ही अपनी भावनाओं के अनुरूप तर्क का उपयोग करता है। तर्क से काम नहीं करता। तर्क से मान्य होने पर भी जब तक हृदय उसका साथ नहीं देता तब तक तर्क पंगु है। आर्यंबा को बुद्धि से शंकराचार्य की बात मान्य थी किंतु उसका हृदय कहता था कि यह सब व्यर्थ है। पुत्र का मोह बड़ी चीज है। शंकराचार्य यह सब जानते थे और इसीलिए वे अन्य उपाय काम में लाए।

माता और पुत्र इस प्रकार की बातचीत करते-करते नदी पर पहुँच गए। शंकराचार्य नदी में स्नान करने को उतरे। थोड़ी देर में वे एकदम चीख मारकर चिल्ला उठे, "अरी मैया री! मगर ने मेरा पाँव पकड़ लिया है। अब तो मैं गया। तुम्हारे लिए तो मैं मर चुका। माँ, अब मुझे संन्यास लेने की आज्ञा दे दो तो शायद भगवान् मुझे देश और जाति के लिए…जल्दी बोलो!"

आर्यंबा हक्की-बक्की सी खड़ी थी। वह क्या कहे, उसकी समझ में नहीं आता था। शंकराचार्य ने फिर कहा, "माँ बोलो, सोचने का अब समय कहाँ है? एक क्षण की भी देर की तो ग्राह मुझको अवश्य ही ग्रस लेगा और फिर तुम जीवन भर सोचती रहना।"

आर्यंबा के सामने दूसरा और कोई मार्ग नहीं था। पुत्र के मरने से तो अच्छा है कि वह संन्यासी बनकर जीवित रहे। उसने शंकराचार्य को आपत् संन्यास ग्रहण करने की आज्ञा दे दी, परंतु प्रतिज्ञा करवा ली कि मरते समय वे उसके पास आ जाएँगे, ग्राह ने पैर छोड़ दिया और शंकराचार्य नदी से संन्यासी बनकर निकले।

यह कथा कहाँ तक सत्य है, कहना कठिन है। ग्राह का पाँव पकड़ने पर भी शंकराचार्य को न ग्रसना तथा संन्यास की आज्ञा मिलते ही पाँव छोड़

देना, आश्चर्य की ही घटना है। हाँ, एक महान् ध्येय की पूर्ति के लिए शंकराचार्य जैसे राष्ट्र निर्माता तथा दार्शनिक का यह नाटक खेलना कोई आश्चर्य की बात नहीं है। कुछ भी हो, पारिवारिक स्नेह की नदी में व्यक्तिगत स्वार्थ का जो ग्राह शंकराचार्य को ग्रसना ही चाहता था, उससे वे अवश्य मुक्त हो गए तथा इस घटना ने, चाहे सत्य हो या असत्य, हिंदू समाज का इतिहास ही बदल दिया।

□

ध्येय-पथ

शंकर आज संन्यासी था। उसके विशाल हृदय की भूख, समस्त देश के साथ समरस आत्मा की पुकार, परिवार की छोटी सी परिधि में कैसे शांत हो सकती थी। वह अपने प्राचीन आदर्श को जानता था कि—

त्यजेदेकं कुलस्यार्थे ग्रामस्यार्थे कुलं त्यजेत्।
ग्रामं जनपदस्यार्थे आत्मार्थे पृथिवीं त्यजेत्॥

उसके अनुसार आत्मा के लिए सबकुछ छोड़कर शंकर संन्यासी हुआ। उसकी आत्मा की क्या पुकार थी तथा वह कैसे शांत हुई, इस प्रश्न का उत्तर उसका आगे का कर्ममय जीवन ही देगा।

संन्यास ग्रहण करके अपनी माता को प्रणाम करके गुरु की खोज में शंकराचार्य निकले। अंतःकरण की धनाढ्यता ही उनका एकमात्र धन था। आत्मविश्वास की प्रबलता ही उनकी महती शक्ति थी। प्रगल्भ बुद्धि ही उनका पथ-प्रदर्शन कर रही थी। हृदय में अपने कार्य पर असीम श्रद्धा तथा भगवान् का एकमात्र सहारा ही उनका बल था। वे बड़ी शांति तथा अपने अंदर एक प्रकार की चैतन्य शक्ति का अनुभव कर रहे थे, यही उन्हें स्फूर्ति प्रदान कर रही थी। उन्हें जान पड़ा मानो स्वयं भगवान् अच्युत उनकी अंतरात्मा में प्रकट हो गए हैं। उसी समय उन्होंने 'अच्युताष्टक' नाम की भक्ति भाव से परिपूर्ण कविता की रचना की तथा अपनी आत्मा की प्रेरणा के अनुसार भगवत गोविंदपाद के आश्रम की ओर उनसे विधिवत् संन्यास ग्रहण करने के लिए चल दिए।

मार्ग के कष्टों की चिंता न करते हुए, भूख और प्यास की परवाह न

करते हुए यह छोटा संन्यासी अपने ध्येय मार्ग पर बढ़ा चला जा रहा था। लोग इस लगन को देखकर आश्चर्यचकित रह जाते, उनकी छवि को देखकर कल्पना करते मानो नर-नारायण में से कोई एक अवतीर्ण हो गया हो। वे उत्तर की ओर चले तथा गोकर्ण तीर्थ पर पहुँचे। नगर की गलियों से वे जा रहे थे कि पीछे से किसी ने पुकारा, "शंकर! ओ शंकर! कहाँ जा रहे हो?"

शंकराचार्य रुके कि तब तक पुकारने वाला व्यक्ति भी उनके पास तक आ पहुँचा। वह उनका पुराना कालटी का सहपाठी तथा मित्र विष्णु शर्मा था। विष्णु शर्मा ने शंकर को नीचे से ऊपर तक देखकर कहा, "यह क्या भेष बना रखा है, शंकर?"

शंकराचार्य विष्णु शर्मा को देखकर मुसकरा दिए।

"यहाँ कहाँ घूम रहे हो भाई?" विष्णु शर्मा ने पूछा। वह परेशान था। शंकराचार्य ने उसके एक भी प्रश्न का उत्तर नहीं दिया था। और वह तो इस रहस्य को समझने के लिए बड़ा व्याकुल हो रहा था।

"मैंने संन्यास ले लिया है, विष्णु!" शंकराचार्य ने बड़े शांत चित्त से कहा। विष्णु शर्मा चौंका और बोला, "संन्यास? क्या कह रहे हो शंकर? परिहास तो नहीं कर रहे हो?"

"हँसी नहीं, विष्णु! सत्य ही कह रहा हूँ। माताजी ने आज्ञा दे दी है।" शंकराचार्य ने गंभीर स्वर में कहा।

"तब क्या ध्रुव की तरह जंगल में जाकर तपस्या करोगे?" विष्णु शर्मा ने पूछा।

"नहीं भाई, जंगल में नहीं जाऊँगा। संन्यास का अर्थ संसार को छोड़कर वन में तपस्या करना नहीं है। मैंने कर्म संन्यास लिया है, जिसका अर्थ कर्म छोड़ना नहीं, कर्म करना, देश और धर्म के कर्म करना है, जो सत्य हैं तथा मनुष्य को कर्मफल-बंधन में नहीं बाँधते।"

"पर यह आयु क्या संन्यास लेने की है, शंकर?" विष्णु शर्मा ने कहा।

"शुभ कर्म करने की भी कोई आयु निश्चित होती है, विष्णु? जब भी प्रेरणा प्रबल हो, विचार और भावनाएँ पवित्र हों, उसी क्षण उसी शुभ अवसर पर पुण्य कार्य में हाथ डाल देना चाहिए।"

विष्णु शर्मा ने बात काटते हुए कहा, "मेरा अभिप्राय तो गृहस्थाश्रम से

है। संन्यास तो उसके पश्चात् ही ले सकोगे।''

''ठीक है विष्णु, साधारण व्यवस्था तो यही है कि ब्रह्मचर्य, गृहस्थ, वानप्रस्थ और संन्यास, इस क्रम से चारों आश्रमों का पालन किया जाए। परंतु वर्णाश्रम व्यवस्था समाज के कल्याण के लिए समाज द्वारा निर्मित व्यवस्था है। अपने बनाए हुए नियमों के हम स्वामी हैं, दास नहीं।'' शंकराचार्य ने कहा।

''व्यवस्था पालन से ही तो समाज टिकता है?'' विष्णु शर्मा बोले, ''यदि अपने बनाए हुए नियम भी हम तोड़ने लगें तो फिर उन नियमों का उपयोग ही क्या है?''

शंकराचार्य ने उत्तर दिया, ''व्यवस्था और नियम समाज की रचना के लिए होते हैं। महत्त्व नियम और व्यवस्था को नहीं अपितु समाज के संगठन और जीवन को है। यदि समाज के जीवन के लिए मर्यादा स्थापित करने की आवश्यकता हो तो मर्यादा पुरुषोत्तम श्रीराम के समान मर्यादाएँ बाँधी जाती हैं और यदि मर्यादा उल्लंघन की आवश्यकता हो तो योगेश्वर कृष्ण की भाँति मर्यादाएँ तोड़ी भी जाती हैं। उल्लंघन और पालन दोनों के पीछे एक ही भावना है, समाज के संगठन की; एक ही इच्छा है, समाज का अस्तित्व बनाए रखने की। व्यवस्था और नियम साध्य नहीं, साधन हैं। साधन का उपयोग तब तक है, जब तक वह साध्य को प्राप्त करने में सहायक हो। केवल लकीर पीटने से क्या लाभ?''

''तब तुम गृहस्थाश्रम में प्रवेश नहीं करोगे?'' विष्णु ने पूछा।

''नहीं विष्णु! आज गृहस्थी के झंझट में पड़ने का अवकाश नहीं है। आज तो सब शक्ति समाज के हित में लगाने की आवश्यकता है। गृहस्थ और संन्यास दोनों ही साधन हैं, आज दूसरा ही उपयुक्त है। कार्य इतना अधिक तथा समय इतना थोड़ा है कि और कोई मार्ग ही नहीं है; और फिर विष्णु, तुम देखते नहीं हो कि बौद्ध लोग अपने संन्यास की डींग मारते हैं, समझते हैं कि वैदिक धर्म में संन्यास है ही नहीं; आज उनको दिखाना है कि वैदिक धर्म में भी संन्यास है और उनसे ऊँचा है। संन्यास का जो स्वरूप विकृत कर दिया गया है, उसे सुधारना है।''

''तब क्या बौद्ध संन्यासियों की भाँति किसी मठ के महंत बनकर

रहोगे?'' विष्णु शर्मा ने कुछ घृणा मिश्रित स्वर में पूछा।

''नहीं विष्णु!'' शंकर ने दृढता से कहा, ''मठ में पड़े रहना और समाज का भार बनकर जीवन व्यतीत करना तो संन्यास धर्म का आदर्श नहीं है। संन्यासी का जीवन निष्क्रियता, आनंद और सुख का नहीं अपितु सतत कर्मण्यता, कष्ट और दुःखों का जीवन है। उसका काम समाज का भार बढ़ाना नहीं अपितु उसका भार हल्का करना है। मुझे ज्ञात है कि आज बहुत से हिंदू बौद्ध संन्यासियों का अंधानुकरण कर रहे हैं। उनके सामने सच्चे आदर्श को व्यवहार में परिणत करके प्रत्यक्ष दिखाना होगा।''

''तब तो तुम बड़ा काम कर रहे हो, शंकर! अरे भूल हुई, तुम्हें शंकर नहीं शंकराचार्य कहना चाहिए!'' विष्णु शर्मा ने मीठी चुटकी लेते हुए कहा।

''क्यों लज्जित करते हो, भाई!'' शंकर ने तनिक खिन्न होकर कहा, ''क्या अपने शंकर के साथ इस प्रकार का शिष्टाचार दिखाकर उसे अपने से अलग करना चाहते हो?''

''अब अलग तो तुम हो ही गए हो। तुम्हारा कौन अपना और कौन पराया?'' विष्णु शर्मा ने दुःख भरे शब्दों में कहा।

''मैं अलग नहीं हुआ हूँ, विष्णु!'' शंकराचार्य बोले, ''इस संन्यास में अलगाव नहीं अपनाव है, विरक्ति नहीं प्रेम है। हाँ, इस प्रेम में आसक्ति नहीं, बंधन नहीं, मोह नहीं। इसमें संकुचितता नहीं विशालता है, दुर्बलता नहीं शक्ति है, व्यक्ति के लिए समाज का त्याग नहीं, समाज के लिए व्यक्ति का राग है।''

विष्णु शांतचित्त सुनता रहा। उसके मस्तिष्क में एकाएक विचारों की लहर दौड़ गई। भूत, भविष्य और वर्तमान तीनों उसकी आँखों के सामने से निकल गए। उसकी भाव-भंगी तथा हाथ के इशारे से मालूम हुआ कि उसने कोई बड़ा भारी निश्चय कर लिया है।

वह शंकराचार्य से आयु में अधिक था। कालटी में जब वह भी गुरुकुल में पढ़ता था, तब शंकराचार्य से उसकी मित्रता थी। वह शंकर से प्रेम करता था, उसपर श्रद्धा रखता था। शंकर की प्रेम भरी बातें सुनकर उसका हृदय भर आया। शंकराचार्य इस प्रकार अकेले ही भ्रमण करें, यह वह सहन नहीं कर सकता था। अतः उसने शंकराचार्य के साथ चलने का निश्चय किया।

"मैं भी तुम्हारे साथ चलूंगा, शंकर!" विष्णु शर्मा ने कहा।

"तुम क्या करोगे भाई?" शंकराचार्य ने शांत स्वर में पूछा।

"मैं क्या करूँगा? समाज तुम्हारा ही है, मेरा नहीं? उसके प्रति तुम्हारा ही कर्तव्य है, मेरा कुछ नहीं?" विष्णु शर्मा ने उलाहना देते हुए कहा। शंकराचार्य निरुत्तर थे। विष्णु शर्मा भी उनके साथ हो लिया।

विष्णु शर्मा तथा शंकर दोनों ही गुरु की खोज में चारों ओर घूमते रहे। अंत में नर्मदा के तट पर अमरकांत में उन्हें योगी गोविंदपाद के दर्शन हुए। भगवत गोविंदपाद शंकराचार्य को देखते ही उनकी ओर आकर्षित हो गए। कहते हैं कि भगवान् की प्रेरणा के अनुसार वे शंकर की बहुत दिनों से बाट जोह रहे थे। शंकर को देखते ही उनका चेहरा खिल गया। शिष्य तो गुरु की आत्मा की अभिव्यक्ति ही रहता है, उसके अंतःकरण की प्रवृत्ति का पूरक रहता है, फिर क्यों न एक-दूसरे को पहचानें। उनका सूत्र तो पहले से ही मिला रहता है, किसी को मिलाने की आवश्यकता नहीं रहती है। भगवत गोविंदपाद ने शंकर को देखकर शांति की एक साँस ली तथा शंकर के आश्रम-प्रवेश की आयोजना में जुट गए।

□

गुरु के सान्निध्य में

भगवत गोविंदपाद, जिनको शंकर जैसे प्रतिभासंपन्न तथा हिंदू धर्म के पुनरुत्थान के कार्य में संलग्न महापुरुष ने अपना गुरु बनाया, कौन थे? यह प्रश्न हम लोगों के मन में उठ रहा होगा। अतः इस गुरु परंपरा का इतिहास जान लेना आवश्यक है।

शंकर के नाम के साथ अद्वैत तथा वेदांत का इतना अटूट संबंध जुड़ गया है कि शंकर को ही वेदांत तत्त्वज्ञान का जन्मदाता समझने लग गए हैं, किंतु वस्तुस्थिति ऐसी नहीं है। वैसे तो सब तत्त्वज्ञानों के समान वेदांत तत्त्व आदि का स्रोत वेदमंत्र ही है, किंतु इसको संसार के समक्ष प्रकट करने वाले महर्षि बादरायण थे। महर्षि बादरायण के काल में वैदिक धर्मावलंबियों में तीन तत्त्वज्ञान मुख्यतया प्रचलित थे—कणादि का वैशेषिक दर्शन, गौतम का न्याय दर्शन तथा कपिल का सांख्य दर्शन। इसके अतिरिक्त अवैदिक मतावलंबियों ने भी अपने-अपने दर्शनों का प्रतिपादन किया था। उनमें तीन-चार्वाक का लोकायत दर्शन, जैनों का अर्हत् दर्शन तथा बौद्धों का तथागत दर्शन बहुत प्रसिद्ध हैं। उक्त दर्शनों में से अंतिम तीन न तो ईश्वर को मानते थे और न वेदों को ही। वैदिक परंपरानुसार बनाए गए समस्त सामाजिक नियमों का भी वे विरोध करते थे। चार्वाक पंथी तो किसी भी नीति के बंधन को मानने को तैयार नहीं थे। सुख और चैन की वंशी बजाते हुए अपने सुख के सामने दुनिया की किसी भी बात की चिंता न करते हुए जीवन बिताना ही उनका एकमात्र लक्ष्य था। उनका तो सिद्धांत वाक्य ही था—

यावज्जीवेत् सुखं जीवेत् ऋणं कृत्वा घृतं पिवेत्।
भस्मीभूतस्य देहस्य पुनरागमनं कुतः॥

शेष अवैदिक दर्शनों में नैतिकता का स्थान तो बहुत ऊँचा था किंतु अपनी परंपरा के प्रति पूर्ण दुर्लक्ष्य था। वैदिक दर्शनों में कणाद भौतिकवाद का, कपिल द्वैतवाद का तथा गौतम नीरस तर्क का आश्रय लेकर संसार में द्वैधीभाव, अनास्था और अविश्वास का प्रचार कर रहे थे। भगवान् कृष्ण की गीता तथा महर्षि वेदव्यास के बताए हुए मार्ग को लोग भूलते जाते थे। ऐसा मालूम होता है कि अठारह अक्षौहिणी सेना को कटवाकर तथा अत्यंत परिश्रम और त्याग करके भी भगवान् ने जिस धर्म की स्थापना की, वह अधिक दिन तक नहीं टिक सका। समस्त देश अराष्ट्रीय वृत्तियों को अपनाते हुए सर्वनाश की ओर बढ़ता जाता था। ऐसे समय में देश की समस्त बुराइयों को दूर कराने तथा वेदों का सारगर्भित अर्थ प्रकट करने के लिए तीन नए दर्शनों की रचना हुई; वे हैं—पतंजलि का योग दर्शन, जैमिनि का मीमांसा दर्शन तथा बादरायण का वेदांत दर्शन।

वेदांत का स्थान इन सब में प्रमुख है। युगों-युगों से हिंदुस्थान के महापुरुषों ने इसी में शांति पाई है तथा इसी का आश्रय लेकर जीवन भर लोक संग्रहार्थ कार्य करते हुए नैष्कर्म्य के सिद्धांत का प्रतिपादन किया है। महर्षि बादरायण ने देखा कि जितने भी देश में मत चल रहे थे, वे न तो श्रुति-सम्मत थे और न स्मृतियाँ उनका पोषण करती थीं। हिमालय की उपत्यका में स्थित बदरिकाश्रम में अपने पिता बादरि के तत्त्वावधान में उन्होंने समस्त वेद, उपनिषद्, संहिता, ब्राह्मण तथा स्मृतियों का अध्ययन किया तथा वेदों के कर्मकांड प्रधान एवं ज्ञानकांड प्रधान भागों का विभाजन करके ज्ञानकांड का प्रतिपादन किया। कर्मकांड के अति प्रबल हो जाने के कारण उसके वास्तविक रहस्य को न समझते हुए केवल यज्ञ-यागादि कर्मों में ही संतुष्ट रहने वाले जीवन में दया, प्रेम और सहानुभूति से शून्य व्यवहार को प्रकट करने वाले दंभी लोगों के व्यवहार को देखकर ही तो भगवान् बुद्ध को वैदिक धर्म से घृणा हो गई थी और फलतः उन्होंने अपने अहिंसा प्रधान धर्म का उपदेश दिया। परंतु भगवान् बुद्ध के अनुयायी वेदों का पूर्ण बहिष्कार करने के कारण शून्यवाद जैसे असत्य एवं अकल्याणकारी तत्त्व पर पहुँचे। महर्षि बादरायण ने जिस तत्त्व का प्रतिपादन किया, वह इन दोषों से परे था। कोरे कर्मकांड की व्यर्थता बताते हुए उन्होंने परम ज्ञान से उत्पन्न अद्वैत का ही प्रतिपादन किया।

भगवान् कृष्ण के मुख से निकली हुई अमृतवाणी तथा उनके जीवन का सच्चा तात्पर्य बताने वाली श्रीमद्‌भगवद्‌गीता को महर्षि बादरायण ने ही महाभारत से अलग किया तथा उसको एक स्वतंत्र सत्ता प्रदान की। श्रुति, स्मृति, उपनिषद् तथा श्रीमद्‌भगवद्‌गीता के अर्थ को सुस्पष्ट करने के लिए तथा ऊपर-ऊपर से देखने के कारण इन ग्रंथों में आपस में विरोध देखने वालों के विरोधाभास को नष्ट करने के निमित्त उन्होंने स्वयं वेदांत सूत्रों की रचना की। इस ग्रंथ में वेदांत के सूत्रों को पूर्णतया तर्क द्वारा समझाया है। उपनिषद्, वेदांत सूत्र तथा गीता अपने धर्म की प्रस्थानत्रयी के नाम से विख्यात है। धर्म के प्रत्येक आचार्य ने इसका सहारा लेकर ही अपने-अपने मत का प्रतिपादन किया है। उपनिषद् श्रुति-प्रस्थान, श्रीमद्‌भगवद्‌गीता, स्मृति-प्रस्थान तथा वेदांत-सूत्र न्याय-प्रस्थान कहलाते हैं।

महर्षि बादरायण ने इस धर्म की सर्वरूपेण प्राण-प्रतिष्ठा करके अपने पुत्र एवं शिष्य शुकदेव मुनि को इसकी शिक्षा दी। शुकदेव ने भी शंकराचार्य की भाँति बचपन में ही संन्यास ले लिया था। वे जीवन-पर्यंत इस वेदांत प्रधान वैदिक धर्म का ही प्रचार करते रहे। बदरिकाश्रम में उन्होंने अनेक शिष्यों को इसकी शिक्षा दी तथा महर्षि बादरायण के वेदांत-सूत्रों का एक परिवर्द्धित एवं परिमार्जित संस्करण तैयार किया। शुकदेव के उपवर्ष तथा गौड़पाद दो मुख्य शिष्य हुए। इनमें गौड़पाद के विषय में अधिक जानने की आवश्यकता है, क्योंकि इन्हीं की परंपरा को शंकराचार्य ने पुष्ट किया।

गौड़पाद दक्षिण भारत के रहने वाले थे। बचपन से ही उनकी इच्छा थी कि वे जीवन में कोई महान् कार्य करें; अतः वे महर्षि पतंजलि के पास विद्याध्ययन के लिए गए। महर्षि पतंजलि व्याकरण में एक उद्‌भट विद्वान् हो गए हैं। उन्होंने पाणिनीय व्याकरण पर एक महाभाष्य की रचना की थी, जिसके कारण उनकी इतनी ख्याति हो गई कि दूर-दूर से विद्यार्थी उनके पास पढ़ने के लिए आते थे। एक बार उनके इन विद्यार्थियों की संख्या बढ़ते-बढ़ते एक सहस्र हो गई। इतने विद्यार्थियों को एक साथ पढ़ाना असंभव था, अतः उन्होंने एक ऐसे यंत्र का आविष्कार किया, जिसके सहारे वे सब विद्यार्थियों को एक साथ पढ़ा सकते थे। उन्होंने अपने शिष्यों को चेता दिया था कि कोई उस यंत्र में हाथ न लगाए; किंतु एक चंचल शिष्य ने कुतूहलवश उनकी

अनुपस्थिति में उस यंत्र को छेड़ दिया। उस यंत्र का उसको ज्ञान तो था नहीं, अज्ञानवश उसका हाथ कुछ ऐसे स्थान पर पड़ा कि एकाएक बड़ा भारी विस्फोट हुआ और क्षण भर में ही वे एक सहस्र विद्यार्थी भस्मीभूत हो गए।

महर्षि पतंजलि ने जब यह देखा तो उनको बड़ा दु:ख हुआ। अपने एक सहस्र विद्यार्थियों के विनाश और अपने परिश्रम की निष्फलता पर शोक करते हुए वे खड़े थे कि सामने से अपने शिष्य गौड़पाद को आते हुए देखा। महर्षि के मुख पर हर्ष और विषाद की रेखाएँ खिंच गईं। गौड़पाद अपने सहपाठियों की भस्म देखकर रो पड़ा। दु:ख के साथ ही उसका मन काँप गया, क्योंकि वह बिना गुरु की आज्ञा के वर्ग छोड़कर चला गया था तथा अचानक अपने सहपाठियों के कारण पकड़ा भी गया। अनुशासन भंग के इस दोष के कारण वह मन-ही-मन जला जा रहा था। उसका साहस नहीं हो रहा था कि वह आँखें उठाकर महर्षि की ओर देखे। गौड़पाद दृष्टि नीचे किए चुपचाप खड़ा था। महर्षि पतंजलि ने धीरे-गंभीर स्वर में कहा, 'गौड़पाद!' एकबारगी अनिष्ट की आशंका से गौड़पाद सिहर उठा और उसने सुना, 'गौड़पाद! तुमने अनुशासन भंग करके पाप किया है, उसका प्रायश्चित्त तुमको करना ही होगा। बुराई की ओट में कभी-कभी भलाई छिपी रहती है। जाओ, किसी योग्य शिष्य को ढूँढ़कर महाभाष्य पढ़ाना। जब तक तुम किसी को पढ़ाओगे नहीं, तब तक महाभाष्य तुमको याद रहेगा। मैं तो अब किसी को महाभाष्य पढ़ाऊँगा नहीं बस; जाओ।'

गुरु को प्रणाम करके क्षुब्ध मन से गौड़पाद वहाँ से चला गया। उसकी दशा विक्षुब्ध की सी हो गई। उसके ऊपर महाभाष्य की शिक्षा का भार था। वह चाहता तो महाभाष्य किसी को नहीं पढ़ाता और इस प्रकार उसे जीवन भर याद रहता, किंतु आज हम उसको किस नाम से पुकारते। महाभाष्य तो राष्ट्र की संपत्ति थी और उसको आगे आने वाली पीढ़ी के लिए सुरक्षित रखना और उन तक उसको पहुँचाने का प्रबंध करना उसका कर्तव्य था। वह इतना स्वार्थी नहीं था कि अपने ज्ञान के निमित्त संपूर्ण राष्ट्र को इस अमूल्य निधि से वंचित रखता। फलत: इधर-उधर संपूर्ण देश में योग्य शिष्य की खोज में घूमता रहा, किंतु कहीं भी उसको ऐसा योग्य व्यक्ति नहीं मिला, जो महाभाष्य को एक बार पढ़कर समझ ले तथा दूसरों को भी पढ़ा सके।

किसके सामने वह अपना हृदय खोलकर रखे, यही उसकी समझ में नहीं आता था। घूमते-घूमते अंत में उज्जयिनी (उज्जैन) के निकट उसको एक व्यक्ति मिला। उसको देखकर गौड़पाद का मन बरबस ही उसकी ओर खिंच गया। उन्हें विश्वास हो गया कि यही व्यक्ति है, जिसकी वह इतने दिनों से खोज़ कर रहा है। उसका नाम चंद्र शर्मा तथा पूर्व भारत का रहने वाला था। उसके मन में व्याकरण पढ़ने की तीव्र अभिलाषा थी तथा महर्षि पतंजलि का नाम सुनकर उनके पास व्याकरण पढ़ने के लिए जा रहा था। गौड़पाद ने उसको व्याकरण पढ़ाया। अपनी थाती उसे सौंपकर उसने एक अपूर्व शांति का अनुभव किया। इसके पश्चात् वे हिमालय में श्री बदरिकाश्रम को चले गए तो वहाँ शुकदेव मुनि से वेदांत धर्म की शिक्षा लेकर गौड़पादाचार्य हो गए। उन्होंने कई ग्रंथों पर भाष्य बनाए तथा सांख्य और योग का वेदांत से समन्वय करने की दृष्टि से कई ग्रंथों की रचना की।

शंकराचार्य के गुरु गोविंदपाद इन्हीं गौड़पादाचार्य के शिष्य थे। प्राचीन पुस्तकों से पता चलता है कि गोविंदपाद वही चंद्र शर्मा थे, जिसको गौड़पादाचार्य ने पतंजलि का महाभाष्य पढ़ाया था। चंद्र शर्मा ने महाभाष्य को लिपिबद्ध किया, परंतु शुष्क व्याकरण से उनकी आत्मा को शांति नहीं मिली। फलतः वे भी बदरिकाश्रम चले गए तथा वहाँ गोविंदपाद ने नर्मदा के किनारे अमरकांत में अपने आश्रम की स्थापना की थी। वे कुछ दिन बदरिकाश्रम में रहते तथा कुछ दिन अमरकांत में रहकर अपने शिष्यों को धर्म और शास्त्रों की शिक्षा देते थे।

शंकर ने इस महान् परंपरा में प्रवेश किया। भगवत गोविंदपादाचार्य से उसने वेदांत की शिक्षा ली। शंकर ने वेदांत की शिक्षा को ग्रहण करके केवल अपने शिष्यों को पढ़ाकर ही संतोष नहीं किया अपितु अपने समस्त जीवन को व्यवहार में प्रकट करते हुए संपूर्ण राष्ट्र को इस मंत्र से अभिमंत्रित कर दिया। उन्होंने ज्ञान का वह प्रकाश फैलाया कि दिग्दिगंत आलोकित हो उठा। यह कैसे किया? इसका उत्तर उसका भावी जीवन देगा।

भगवत गोविंदपाद ने शंकर को विधिवत् संन्यास धर्म की दीक्षा दी। कर्म संन्यास ग्रहण करके शंकर उनके आश्रम में रहने लगा। शंकर जैसे प्रखर बुद्धि के शिष्य को पढ़ाना अत्यंत दुष्कर कार्य था। परंतु गोविंदपाद ने समस्त

शास्त्र बड़ी योग्यता से पढ़ाए। उनको विश्वास था कि शंकर धर्म का उद्धार करेगा। इसीलिए उसमें कोर-कसर छोड़ना भावी राष्ट्र के जीवन में कोर-कसर छोड़ना होता। इसीलिए बड़ी सावधानीपूर्वक वेदांत धर्म के अंग-प्रत्यंग की शिक्षा दी। अपनी बातचीत, उठने-बैठने तथा अपने व्यवहार से शंकर के ऊपर ऐसे संस्कार किए, जो उसको धर्म-प्रचार के कार्य में भी योग्य बना दे। जब उसको पढ़ाते तो सूत्रों का अर्थ वे इतनी तन्मयता से करते कि मालूम होता था कि वे अपनी आत्मा शंकर के सामने निकालकर रख देना चाहते थे। पक्षपात के आरोप को सहन करके भी उन्होंने शंकर को विशेष रूप से शिक्षा दी, क्योंकि वह उनकी तथा राष्ट्र की भावी आशा का केंद्र था।

□

शिक्षा : माया और संसार

संन्यासी का धर्म क्या है व कम-से-कम उन्होंने उसको क्या समझा, यह वैसे तो उनके संपूर्ण जीवन से ही पता लगता है, किंतु अमरकांत के जीवन की एक घटना से उस पर बहुत प्रकाश पड़ता है। भगवत गोविंदपाद उस समय बदरिकाश्रम गए थे। आश्रम की देखभाल उस समय शंकराचार्य ही कर रहे थे। वर्षा ऋतु थी। उस वर्ष मेघराज अहंकारी तथा अधीर मनुष्य की भाँति जीवन के तत्त्वों को भी अपने अंदर न रोक पाए। वे फूट पड़े और बिना सोचे-समझे धारा प्रवाह निरंतर जारी रहे। बड़े ज़ोर की गड़गड़ाहट होती; गर्जन को सुनकर लोग कान बंद कर लेते। विद्युत् की तीक्ष्ण परंतु क्षण भर में नष्ट होने वाली प्रकाश-रेखा दिखती, लोगों की आँखें चकाचौंध हो जातीं और फिर जोरों से वर्षा प्रारंभ हो जाती। धीरे-धीरे दिए हुए ज्ञान के समान धीरे होने वाली वर्षा से पृथ्वी की प्यास बुझती है, उसकी उत्पादक शक्ति बढ़ती है, कृषि की वृद्धि होती है और जनता को आनंद होता है। परंतु ग्रहण करने वाले की ग्रहण शक्ति का अनुमान लगाए बिना दिया हुआ दान जैसे दु:ख का कारण होता है, वैसे ही आस-पास की भूमि अथाह जलराशि को ग्रहण न कर पाई। उसने उठाकर नर्मदा में फेंक दिया। वह भी ओछे नर की भाँति उबल पड़ी, कुलाँचें मारकर भागना शुरू किया। मालूम होता था कि तटवासियों का सर्वनाश ही कुलाँचें मार रहा हो। नर्मदा का जल क्षण-क्षण बढ़ता जाता था और उधर तटवासियों के जीवन की आशा शनै:-शनै: क्षीण होती जाती थी। मेघराज तो प्रलय-दुर्दिन के समान रुकने का नाम ही नहीं लेते थे। शांतिकाल में जीवन देने वाली नर्मदा भी भगवान् रुद्र के समान तांडव कर उठी। नर्मदा

में बाढ़ आ गई और आसपास के गाँव बह गए। हज़ारों ही मनुष्य बेघर-बार हो गए। वर्षों में दी हुई संपत्ति को नर्मदा एक आवेश में लूटकर ले गई। नर्मदा में संपत्ति बही जाती थी और बहे जाते थे उसके साथ नर-नारी, मानो मृत्यु की इस भीषणता में भी उनका धन का मोह न छूटा हो और अभी भी उसके पीछे भागे जाते हों। अनेकानेक गउएँ पानी के ओघ पड़कर अपने प्राणों को बचाने की निष्फल चेष्टा करतीं और तरंगों की चपेट में आहत होकर जीवन खो बैठतीं। उनके आकाशभेदी भीषण रंभण को नर्मदा अपने भीषणतम रब में दबाने का प्रयत्न करती, परंतु जिनके कान हैं, वे तो उसे सुन ही लेते। आकाश भी फटता तो जरूर, परंतु दुष्ट नर की भाँति अनुनय-विनय, आक्रोश और आर्तनाद सुनकर और अधिक क्रोध को निकालता हुआ मृत्यु की वृष्टि करता। हाँ, आक्रोश को सुनकर शंकराचार्य का हृदय-पट भी मानो विदीर्ण हुआ जाता था। उनको अपने आश्रम में बैठा रहना कठिन हो गया।

समस्त संसार को माया समझने वाले शंकर ने न जाने कितने दिन इन बाढ़ पीड़ितों की सेवा में बिताए। आश्रमवासी कहते, हमको इस सबसे क्या प्रयोजन? हमको तो परम सत्य का अनुसंधान करने में और परब्रह्म का साक्षात्कार करने में अपना समय बिताना चाहिए। परंतु शंकर जानते थे कि परम सत्य क्या है? आकाश में चाहे कुसुम खिल जाए, परंतु वहाँ भगवान् के दर्शन नहीं हो सकते। उसके लिए तो नीचे पृथ्वी पर ही अपने आस-पास अपने देशवासियों के हृदयों को ही टटोलना पड़ेगा। आर्त की पुकार में जिसको भगवान् की वाणी नहीं सुनाई देती; उसके कान भगवान् के शांत स्वर को नहीं सुन सकते। दुर्बल और दु:खी की आत्मा को जो नहीं पहचान सकता, वह सर्वात्मा का क्या दर्शन कर सकेगा?

मैं ढूँढ़ता तुझे था आकाश और वन में।
तू खोजता मुझे था किसी दीन के वतन में।

इस सिद्धांत को शंकराचार्य ने जीवन में निभाया। आश्रमवासियों के साथ वे पीड़ितों की सेवा में जुट गए। जब महापुरुष किसी कार्य को हाथ में लेता है तो प्रकृति की दुर्दांत शक्तियाँ भी उसके सामने झुक जाती हैं। कहते हैं कि उन्होंने यह नर्मदाष्टक बनाकर नर्मदा की स्तुति की, जिससे उसका क्रोध भी शांत हो गया—

सविन्दुसिन्धुसुस्खलत्तरङ्गभङ्गरञ्जितम्।
द्विषत्सु पापजातजातकारिवारिसंयुतम्।
कृतान्तदूतकाल भूत भीतिहारिनर्मदे,
त्वदीयपादपंङ्कजं नमामि देवि नर्मदे॥ 1॥

त्वदंबुलीनदीनमीनदिव्यसम्प्रदायकं,
कलौ मलौघभारहरिसर्वतीर्थनायकम्।
सुमच्छकच्छनक्रचक्रवाकचक्रशर्मदे,
त्वदीयपादपङ्कजं नमामि देवि नर्मदे॥ 2॥

महागभीरनीरपूरपापधूतभूतलं,
ध्वनत्समस्तपातकारिदारितापदाचलम्।
जगल्लये महाभये मृकण्डुसूनुहर्म्यदे,
त्वदीयपादपङ्कजं नमामि देवि नर्मदे॥ 3॥

गतं तदैव मे भयं त्वदम्बु वीक्षितं यदा,
मृकण्डुसूनुशौनकासुरारिसेवितं सर्वदा।
पुनर्भवाब्धिजन्मजं भवाब्धिदुःखवर्मदे,
त्वदीयपादपङ्कजं नमामि देवि नर्मदे॥ 4॥

अलक्ष्यलक्षकिन्नरामरासुरादिपूजितं,
सुलक्षनीरतीरधीरपक्षिलक्षकूजितम्।
वशिष्ठशिष्टपिप्लादिकर्दमादिशर्मदे,
त्वदीयपादपङ्कजं नमामि देवि नर्मदे॥ 5॥

सनत्कुमारनासिकेतकश्यपादिषट्पदैर्धृत
स्वकीयमानसेषु नारदादिषट्पदैः।
रवीन्दुरनिन्तदेवदेवराजकर्मशर्मदे,
त्वदीयपादपङ्कजं नमामि देवि नर्मदे॥ 6॥

अलक्षलक्षलक्षपापलक्षसारसायुधं
ततस्तु जीवजन्तुतन्तुभुक्तिमुक्तिदायकम्।
विरिञ्चविष्णुशङ्करस्वकीयधामनर्मदे,
त्वदीयपादपङ्कजं नमामि देवि नर्मदे॥ 7॥

अहोऽमृतं स्वनं श्रुतं महेशिकेशजातटे,
किरातसूतवाडेषु पण्डिते शठे नटे।
दुरन्तपापतापहारि सर्वजन्तुशर्मदे,
त्वदीयपादपङ्कजं नमामि देवि नर्मदे॥ 8॥

इदं तु नर्मदाष्टकं त्रिकालमेव ये सदा,
पठन्ति ते निरन्तरं न यान्ति दुर्गतिं कदा।
सुलभ्यदेहदुर्लभं महेशधाम गौरवं,
पुरर्भवा नरा न वै विलोकयन्ति रौरवम्॥ 9॥

गोविंदगुरु जब लौटकर आए तो शंकर के इस सौहार्द के समाचार को सुनकर बड़े प्रसन्न हुए। उन्हें विश्वास हो गया कि शंकर ने सर्वात्मैक्य की अवस्था प्राप्त कर ली है। अतः अब उसको धर्मकार्यार्थ देशभ्रमण की आज्ञा दे देनी चाहिए। परंतु शंकर के इस महान् कार्य के निमित्त निकलने के पूर्व गोविंदपाद ने उन्हें अपने गुरु गौड़पाद के दर्शन करा देना उचित समझा। मन का यह विचार दूसरे क्षण शंकर को कह सुनाया। सुनते ही शंकर खुशी से नाचने लगा। उसका यह सौभाग्य कि वह अपने परमगुरु के दर्शन करेगा। उसके पाँव जमीन पर नहीं पड़ते थे। आज वह अपने आपको धन्य समझ रहा था, मानो जन्म-जन्म के पुण्य उदय हो आए हों।

गोविंदगुरु और शंकर बदरिकाश्रम की यात्रा को चल दिए। अमरकांत से लेकर हिमालय तक का लंबा सफर शंकर ने ऐसे तय किया मानो वह फूलों पर चल रहा हो। उसे मार्ग का ध्यान नहीं था, वह तो अपने परमगुरु के ध्यान में मग्न आगे बढ़ता जाता था। जिसकी दृष्टि सतत अपने ध्येय पर लगी हुई है, उसे मार्ग की कठिनाइयाँ नहीं सतातीं। उसका ध्यान अपने पाँवों की ओर नहीं रहता और बिना ध्यान के सुख-दुःख की प्रतीति ही कहाँ?

बदरिकाश्रम में भगवान् गौड़पादाचार्य ब्रह्मनिष्ठा में लीन थे। गोविंदपाद ने शंकराचार्य का परिचय कराया। शंकर ने अपने परमगुरु को साष्टांग प्रणाम किया। गोविंदगुरु की भाँति गौड़पादाचार्य को भी शंकर को देखकर विश्वास हो गया कि वह अवश्य ही वैदिक धर्म का उद्धार करेगा। उसमें उन्हें अलौकिक प्रतिभा तथा असाधारण बुद्धि भासित हुई। उससे भी अधिक उन्होंने देखा कि उसके पास अपने देश और धर्म की दशा को देखकर रोने

वाला हृदय भी है तथा उसी हृदय में उन्हें इस दशा को दूर करने की एक अत्यंत प्रखर आकांक्षा भी दिखाई दी। इतना होते हुए भी वे शंकर को कच्चा नहीं निकलने देना चाहते थे; क्योंकि वे जानते थे कि जहाँ एक अच्छा कार्यकर्ता समाज को अवनति के गर्त से निकालकर हिमाद्रि के उत्तुंग शिखर पर आसीन कर सकता है, वहाँ एक अयोग्य कार्यकर्ता समाज के मार्ग में रोड़े ही अटकाएगा तथा किसी-न-किसी दिन अपनें व्यक्तिगत स्वार्थ, नाम और यश के पीछे धर्मघात करने को तैयार हो जाएगा। अहंकार वैसे तो प्रत्येक व्यक्ति को अवनति के गर्त में डालता है, किंतु समाज के कार्यकर्ता का अहंकार तो उसके साथ-साथ संपूर्ण समाज में फैलकर चारों ओर के वातावरण को विषाक्त कर देता है। वे जानते थे कि शंकर अहंकार आदि दुर्गुणों से कोसों दूर है, परंतु फिर भी उन्होंने उसे अपने पास और चार वर्ष रखा, स्वयं उसको शिक्षा दी तथा दोषों को बीन-बीनकर निकाल फेंका।

शंकर के जीवन में ये चार वर्ष अत्यंत महत्त्व के सिद्ध हुए। यहाँ की शिक्षा उसके जीवन की बहुमूल्य शिक्षा थी। भारतीय संस्कृति और जीवन के मानदंड हिमालय की गोद में बैठकर यदि शंकर ने विशालता और दृढता के पाठ पढ़े तो कौन आश्चर्य? बर्फीली चट्‌टानों की उज्ज्वलता में उसने अपने धर्म की उज्ज्वलता को देखा। बर्फ़ के समान ही स्वच्छ जीवन बनाने का उसका प्रयत्न रहता। निदाघ के आतप में हिम उसका साथ नहीं दे पाता। वह शंकर के उज्ज्वलतर जीवन को देखकर लाज से गल जाता, बहकर उसके सामने से भागने का प्रयत्न करता, मानो किसी गहरे गर्त में अपना मुँह छिपाकर झेंप मिटाना चाहता हो। भगवती भागीरथी का कल-कल स्वर उसे दूर तक सुनाई देता था। उसने देखा कि जो हिमालय बड़े-बड़े आँधी और तूफानों में सिर उठाए खड़ा रहता है, वही गरमी में अपने शरीर को गला-गलाकर भागीरथी को जीवनदान देता है, ताकि भारत के अगणित नर-नारी उससे जीवन और पुण्य लाभ करें। हिमाद्रि की इस मूक देशभक्ति को देखकर शंकर श्रद्धा से उनके सामने झुक गया और शायद उसी क्षण अपने जीवन में आपत्तियों और कष्टों की चिंता न करते हुए तिल-तिल गलकर देश की सेवा करने का व्रत लिया।

वहाँ रहकर शंकराचार्य ने अपने परमगुरु की आज्ञा से तथा उन्हीं के तत्त्वावधान में अनेक ग्रंथों की रचना भी की। एक दिन शंकराचार्य ने

गौड़पादाचार्य से उनकी मुंडकोपनिषद-कारिका पर भाष्य लिखने की आज्ञा माँगी। आज्ञा मिलने पर इतनी तत्परता तथा योग्यता के साथ सरल एवं सरस भाषा में भाष्य लिखा कि गौड़पादाचार्य उसको देखकर अत्यधिक प्रसन्न हुए। उन्होंने उसी समय शंकराचार्य से वेदांत-प्रस्थानत्रयी पर भाष्य लिखने को कहा।[1] उनकी आज्ञानुसार शंकराचार्य ने जगन्प्रसिद्ध षोड्श भाष्यों की रचना की। चार वर्षों की छोटी सी अवधि में अध्ययन के साथ इतने भाष्य लिख डालना अत्यंत आश्चर्य की बात है और जब भाष्यों की भाषा, उसके एक-एक शब्द का महत्त्व तथा उनकी योजना, भावों की गहराई को देखते हैं तो कार्य अतिमानुषी ही मालूम होता है। आज बड़े-बड़े लेखक भी इस गति को देखकर दाँतों तले उँगली दबाते हैं। वेदांतसूत्र पर तो उनका भाष्य अद्वितीय है। आज तक अनेकानेक आचार्यों ने भाष्य लिखे हैं, परंतु विचारों की मौलिकता, गंभीरता, दृढता और सरलता में शंकराचार्य से कोई भी टक्कर नहीं ले पाया है। शंकर के भाष्य जितने प्राचीन हैं, उतने अधिकृत भी हैं।

कहते हैं कि भगवत गौड़पादाचार्य शंकर के भाष्यों को देखकर इतने प्रसन्न हुए कि वे उसे अपने गुरु एवं परमगुरु शुक और महर्षि बादरायण के दर्शन कराने के लिए कैलास पर्वत पर ले गए। वेदांत के आदिप्रणेता के दर्शन करके शंकर ने अपने आपको धन्य समझा और उसी समय 'धन्याष्टक' की रचना की। इस किंवदंती में सत्यांश कितना भी कम क्यों न हो, यह तो निश्चित है कि शंकर ने महर्षि बादरायण का उनकी रचनाओं के द्वारा अवश्य ही साक्षात्कार कर लिया था।

अपने इस कार्य को समाप्त करके शंकराचार्य ने देश-भ्रमणार्थ गुरु से आज्ञा प्राप्त की। गुरुवर्य ने उसको आशीर्वाद दिया तथा उसकी सफलता के लिए शुभकामनाएँ प्रदर्शित कीं। भगवान् का आशीर्वाद तथा पूर्वजों का पुण्य उनके साथ था। गुरु से आशीर्वाद पाकर उसने उनके सम्मुख सिर नवाया, उनकी आज्ञा शिरोधार्य की और हाथ में भगवद्ध्वज, दंड और कमंडलु लेकर अपनी धर्म-यात्रा प्रारंभ कर दी।

□

1. श्रीमद्भगवद्गीता, ब्रह्मसूत्र और उपनिषदों को प्रस्थानत्रयी कहा जाता है। इसमें उपनिषदों को श्रुति प्रस्थान, गीता को स्मृति प्रस्थान और ब्रह्मसूत्रों को न्याय प्रस्थान कहते हैं।

बंधन से मुक्ति

शंकराचार्य ने गुरु से आज्ञा लेकर यात्रा की तैयारी की ही थी कि उन्होंने अपने संबंधी अग्नि शर्मा को आते देखा। अनिष्ट की आशंका से उनका हृदय धड़कने लगा। वे जानते थे कि उनके संबंधी अग्नि शर्मा के आने का और कोई कारण नहीं हो सकता। कालटी के अनेक चित्र एक-एक करके उनकी आँखों के सामने से निकल गए। अग्नि शर्मा को अभिवादन करके उन्होंने कुशल-क्षेम पूछी, किंतु अग्नि शर्मा शांत खड़ा था।

"बोलो भाई, सब कुशल तो है। चुप कैसे खड़े हो?" शंकराचार्य ने आग्रहपूर्वक पूछा।

अग्नि शर्मा ने बहुत सा धन निकालकर शंकराचार्य के सम्मुख रख दिया और बोला, "यह धन है, जो माता आर्यंबा ने तुम्हारे पास भेजा है। वे अपनी अंतिम साँसें गिन रही हैं।"

शंकराचार्य के ऊपर मानो वज्र गिर गया। वे हतप्रभ खड़े थे। माता से उनको बहुत प्रेम था। उन्हें इस बात का दुःख नहीं था कि वह परलोकगामिनी होना चाहती थीं, परंतु इस बात का कि वे अपनी धर्म यात्रा अभी प्रारंभ नहीं कर सकेंगे। शांत चित्त से उन्होंने अपने आपको भगवान् को समर्पित कर दिया। संन्यास लेते समय उन्होंने माता से प्रतिज्ञा की थी कि मरते समय अवश्य आ जाऊँगा, अतः अपनी प्रतिज्ञानुसार अब उनको कालटी जाना था।

माता के भेजे हुए धन का शंकराचार्य क्या करते? वे तो संन्यासी हो चुके थे। अब वह संपत्ति उनकी नहीं, राष्ट्र की थी। अतः उन्होंने

बदरिकाश्रम में ही उस धन से श्री बदरीनाथ का मंदिर बनवाया। 13,000 फीट की ऊँचाई पर हिमालय की उपत्यका में आज भी यह भव्य मंदिर खड़ा हुआ है और इसके साथ ही वह विशाल हिंदू-राष्ट्र भी खड़ा हुआ है, जिसकी नींव शंकर ने इस मंदिर के साथ रखी थी। हमारे प्रमुख तीर्थ में बदरी तीर्थ एक अत्यंत प्रमुख स्थान रखता है। भारत के कोने-कोने से हिम और शीत की चिंता न करते हुए, जंगल और पहाड़ों की चिंता न करते हुए, सहस्रों की संख्या में हिंदू श्री बदरीनाथ के दर्शन करने को जाते हैं और जब वे अत्यंत श्रद्धा और भक्तिभाव से श्री बदरीनाथ को नमन करते हैं तो अनजाने में ही शंकराचार्य और माता आर्यंबा के प्रति भी अपनी श्रद्धा के दो फूल चढ़ा देते हैं। जिन कांचन पात्रों में भगवान् का भोग लगाया जाता है, वे शंकराचार्य के दिए हुए हैं तथा आज तक अग्नि शर्मा के वंशज ही इस मंदिर में पूजा करने के अधिकारी हैं।

बदरीनारायण के मंदिर का निर्माण प्रारंभ करके शंकराचार्य अपने मित्र विष्णु शर्मा के साथ कालटी चल दिए। विष्णु शर्मा भी अब संन्यासी हो गया था तथा अब उसका नाम चित्सुखाचार्य था। शंकराचार्य अपनी माता के दर्शनों के लिए बड़े उत्सुक थे, जिसके कारण मार्ग का एक-एक डग उनको एक-एक कोस मालूम होता था। इतना लंबा मार्ग हो गया था कि काटे नहीं कटता था। वैसे भी कोई कम अंतर नहीं है। बदरिकाश्रम से कालटी लगभग 1,800 मील दूर है। उस समय रेल नहीं थी, हवाई जहाज नहीं थे, संपूर्ण मार्ग पैदल ही चलना था। कितने दिन लगे होंगे शंकराचार्य को आते-आते और उनके मन की क्या दशा रही होगी इन दिनों में? उनको बताया गया था कि उनकी माता अंतिम साँसें गिन रही हैं। इधर वे भी एक-एक पग गिन रहे थे। उनके पैर जमीन पर नहीं पड़ते थे। जमीन छूने में भी समय लगता है न? वे उड़े जा रहे थे। उन्हें विश्राम की चिंता नहीं थी। भूख और प्यास सब मारी गई थी।

दौड़ते-दौड़ते जैसे-तैसे कालटी पहुँचे। भगवान् की कृपा से माता के अंतिम दर्शन कर सके। जैसे ही वे घर में गए कि दौड़कर अपनी माता के चरण पकड़ लिए। वे भूल गए थे कि वे संन्यासी हैं, सर्ववंद्य हैं। नहीं, भूले नहीं थे। वे जानते थे कि कितने ही बड़े क्यों न हो जाएँ, माता के लिए तो वही शंकर है और फिर माता माता ही है, सर्वदा आदरणीय है, पूज्या है।

माता आर्यंबा ने उसको गले से लगा लिया। हर्षातिरेक से उसके आँसू निकलने लगे।

शंकराचार्य ने माता की खूब सेवा-शुश्रुषा की। सदा माता की खाट के पास ही बैठे रहते, उन्हें दवा देते, पथ्य देते, गरमी में पंखा झलते। माता आर्यंबा का व्रत था कि वह नित्यप्रति पूर्णा नदी में स्नान करती थीं। अब वह दुर्बल हो गई थीं, अब शरीर में इतनी शक्ति नहीं थी कि नदी तक जा सकें। नदी दूर थी, आर्यंबा बड़ी चिंतामग्न थीं। सोचती थीं कि अब अंत समय में मुझे अपना व्रत तोड़ देना पड़ेगा। उनको इस प्रकार चिंताकुल देखकर शंकराचार्य ने कहा, "माँ, तुम चिंता क्यों करती हो? अब तक तुम नदी तक जाती थीं, अब नदी तुम्हारे पास आएगी।" आर्यंबा कुछ भी नहीं समझ पाईं, परंतु उन्होंने अपने पुत्र की बात पर विश्वास कर लिया, क्योंकि वह जानती थीं कि शंकराचार्य में अलौकिक शक्ति है।

दूसरे दिन प्रातःकाल जब शंकराचार्य कंधे पर घड़ा रखकर जाने लगे तो आर्यंबा ने पूछा, "कहाँ जाता है, शंकर?"

"नदी लेने जा रहा हूँ माँ।" शंकराचार्य ने उत्तर दिया।

"नहीं, बेटा नहीं, नदी पर मत जा, नदी में ग्राह है।" आर्यंबा ने घबराकर कहा।

शंकराचार्य हँस दिए और बोले, "वह तो मर चुका माँ! अब मुझे फिर संन्यास थोड़े ही लेना है?"

शंकराचार्य नदी पर गए। एक मटका पानी भरा और नदी में कुछ बल्लियों का बेड़ा इस प्रकार बाँध दिया कि नदी का प्रवाह पलट गया। माता आर्यंबा ने उस दिन घड़े के पानी से स्नान किया। बचा हुआ पानी द्वार पर फेंक दिया। दूसरे दिन लोगों को देखकर आश्चर्य हुआ कि पूर्णा का जल शंकराचार्य के द्वार की सीढ़ियों से टकरा रहा था। उनका बल्लियों का लगाना काम दे गया। परंतु लोगों को यह रहस्य कहाँ मालूम था, वे तो शंकराचार्य के अतिमानुषी कार्य के संबंध में तरह-तरह की चर्चा करने लगे।

एक दिन आर्यंबा ने शंकराचार्य से कहा, "शंकर! तू धर्म का ज्ञाता है। देश भर में धर्म का प्रचार करने वाला है। तनिक मुझे भी तो कुछ धर्म बता। मरते-मरते तो शांति मिले।"

शंकराचार्य ने माता की आज्ञा पाकर उसे अद्वैत की बातें अत्यंत ही सीधी और सरल भाषा में बताने का प्रयत्न किया। उसे समझाने के लिए उन्होंने तत्त्वबोध नाम का एक सरल ग्रंथ भी रचा। सबकुछ सुनकर माता आर्यंबा ने कहा, "ये तो ऊँची बातें हैं, शंकर! देश के सब लोग इन बातों को समझ सकेंगे? मुझे तो कुछ भगवान् कृष्ण के विषय में ही बता।"

शंकराचार्य ने 'कृष्णाष्टक; बनाकर माता को सुनाया तथा उसी दिन यह भी समझा कि जब तक वेदांत के तत्त्वज्ञान को भक्ति का पुट नहीं मिलता, तब तक वह जन-साधारण के किसी काम का नहीं है और इसी समय भक्तों के भिन्न इष्टदेवों के पीछे एक परब्रह्म की प्रतिष्ठापना का निश्चय कर लिया। कृष्णाष्टक सुनकर आर्यंबा इतनी भक्तिभावपूर्ण हो गईं कि भगवान् का ध्यान करते-करते उसकी आत्मा भगवान् में लीन हो गई। कृष्णाष्टक समाप्त करते ही शंकराचार्य ने देखा कि उनके सामने माता का प्राणहीन शरीर पड़ा हुआ है। माता की मृत्यु के उपरांत उनका अंतिम संस्कार करना उनका कर्तव्य हो जाता था, क्योंकि वे इसकी प्रतिज्ञा कर चुके थे। वे संन्यासी थे और संन्यासी को दाहकर्म की आज्ञा नहीं है, यह वे जानते थे। यह समस्या उनके समक्ष भी उपस्थित हुई थी, जब माता आर्यंबा ने उनसे उनका अंत्य संस्कार करने की प्रतिज्ञा करवा ली थी। वह सोचती थी कि अंतिम संस्कार की प्रतिज्ञा और संन्यास दोनों साथ-साथ नहीं चल सकते। इसीलिए शंकर संन्यास का विचार छोड़ देगा। परंतु शंकराचार्य ने संन्यास धर्म इसीलिए अपनाया था कि मार्ग से देश, जाति और धर्म का अधिक-से-अधिक कार्य कर सकेंगे, न कि इसलिए कि उन्होंने संन्यास को ही सर्वस्व समझ रखा था। वे जानते भी थे कि माता से की हुई उनकी प्रतिज्ञा उनके देशकार्य में बाधा नहीं डाल सकेगी। इसीलिए उन्होंने वास्तविक संन्यास ग्रहण किया, केवल दिखावे का नहीं। माता का अंतिम संस्कार करने के कारण संन्यास धर्म से च्युत श्रीमच्छंकराचार्य के जीवन के साथ-साथ कौन सा परम नैष्ठिक संन्यासी तुलना करने का साहस करेगा? क्या शंकराचार्य के समान किसी अन्य संन्यासी ने देश सेवा की है? यदि नहीं तो शंकराचार्य सच्चे संन्यासी थे, मन से थे, तत्त्वतः वे केवल कपड़े रँगकर दिखावा करने वाले नहीं और इसीलिए तो आज तक वे संन्यासियों के समक्ष भी आदर्श बने हुए हैं।

शंकर के इस कार्य के कारण उनके कुल के तथा कुटुंब के लोग उनसे बिगड़ गए तथा किसी ने भी आर्यंबा का शव उठाने तक में सहायता नहीं दी। परंतु दृढनिश्चयी, दृढप्रतिज्ञ, निर्भीक एवं अपने अंत:करण में प्रतिष्ठापित सत्य के समक्ष संसार की चिंता न करने वाले शंकराचार्य ने स्वयं एकाकी ही संपूर्ण संस्कार विधिवत् किए। अपने घर के आँगन में ही चिता रचकर अपनी बलिष्ठ भुजाओं से उठाकर शव को चिता पर रखा और वेद मंत्रों का उच्चारण करते हुए अग्नि संस्कार किया। उसी समय उन्होंने 'मातृस्तुति' नाम की कविता रची। उनके हृदय में माता के प्रति कितना प्रेम और कितनी श्रद्धा थी, यह इस कविता के एक-एक अक्षर से टपकता है।

माता का अंतिम संस्कार समाप्त ही कर पाए थे कि शंकराचार्य सदानंद नाम के एक व्यक्ति ने भगवत गोविंदपाद के अमरकांत आने और रुग्ण-शय्या पर पड़े होने का समाचार दिया। वे मृत्यु के पूर्व शंकराचार्य से भेंट करना चाहते थे। अत: उसके द्वारा उन्होंने उनको बुलवाया था। समाचार सुनते ही वे अमरकांत की ओर दौड़ पड़े। बड़ी कठिनाई से एक मास में अमरेश्वर पहुँच पाए। जब वे वहाँ पहुँचे तो भगवत गोविंदपाद अचेत अवस्था में पड़े हुए थे, किंतु जैसे ही अपने प्रिय शिष्य शंकर की वाणी सुनी, वैसे ही उन्होंने आँखें खोल दीं। एक बार ज़ोर लगाकर उठकर खड़े हो गए मानो भले-चंगे हों और शंकराचार्य को गले से लगा लिया। शंकराचार्य को अंतिम संदेश दिया। उसे दिग्विजय प्रारंभ करने का आदेश तथा सफलता का आशीर्वाद दिया। बस ॐ का उच्चारण करते-करते वे महाप्रयाण कर गए। उनके स्थान पर शंकराचार्य ही शिष्य समूह के गुरु थे।

□

जनजीवन का साक्षात्कार

शंकराचार्य ने इतने दिनों में राष्ट्र की संपूर्ण परिस्थिति का पूर्ण अध्ययन कर लिया था। प्राय: भारतवर्ष का भ्रमण कर ही चुके थे तथा संपूर्ण शास्त्रों का अध्ययन कर चुके थे। देश के एक कोने से लेकर दूसरे कोने तक लोगों के क्या विचार हैं, उनकी कैसी भावनाएँ हैं, वे क्या चाहते हैं, इसका उन्हें पता था। पुत्र के रोगी हो जाने पर माता का हृदय छटपटाता तो है, उसको वेदना तो होती है किंतु रोग क्या है, इसकी औषधि क्या है, यह वह नहीं जानती। चिकित्सक को रोगी के रोग का निदान और चिकित्सा का ज्ञान तो होता है किंतु उसके मन में रोगी के प्रति कोई प्रेम नहीं, हृदय में कोई संवेदना नहीं, वह तो निरीह और निरासक्त भाव से रोगी की चिकित्सा करता है।

शंकराचार्य में अपने राष्ट्र और समाज के प्रति माता का सा स्नेह था तो चतुर चिकित्सक की भाँति शास्त्र का ज्ञान भी था। देश की दुर्दशा देखकर जब उनका हृदय रोया तो हृदय शांत करने के लिए जो भी सामने आया सो करने को वे तैयार नहीं हुए अपितु एक तत्त्ववेत्ता की भाँति इस दुर्दशा की कारण–मीमांसा की, विषय का विवेचन किया, रोग का निदान किया और फिर योग्य चिकित्सा की। मातृ–स्नेह के कारण उत्पन्न तन्मयता के साथ तथा चतुर एवं योग्य चिकित्सक के अधिकृत ज्ञान एवं आत्मविश्वास के साथ उन्होंने देखा कि संपूर्ण देश में दो प्रकार के मत–मतांतर फैल रहे हैं। प्रथम तो अवैदिक तथा पुरानी परंपरा को नष्ट करने वाले बौद्ध आदि धर्म और दूसरे, उपर्युक्त धर्मों के कारण प्रतिक्रियास्वरूप अथवा वैदिक धर्म की रक्षार्थ उत्पन्न धर्म। प्रथम श्रेणी के मतों की अराष्ट्रीय प्रवृत्तियाँ जहाँ उनके हृदय को

दु:खित करती थीं, वहाँ उनको इस कारण भी दु:ख होता था कि दूसरी श्रेणी के अंतर्गत राष्ट्रीय वृत्ति वाले लोग भी संपूर्ण श्रेष्ठ परिस्थिति का आकलन किए बिना ही कुछ-न-कुछ करते हुए केवल अपनी-अपनी डफली लेकर अपना-अपना राग ही नहीं अलाप रहे हैं, वरन् अपना ही राग सुनाई दे, वही मधुर है, ऐसा समझकर दूसरे का मुँह बंद करने में तथा उनकी अपनी डफली फोड़ने में भी व्यर्थ ही अपनी शक्ति को गँवा रहे हैं।

भगवान् बुद्ध से लेकर अब तक 1,000 वर्ष में समाज पर पड़े हुए संस्कारों की अवहेलना करके कुछ एकदम उल्टी गंगा बहाने का प्रयत्न करते हुए वैदिक युग लाने का स्वर्ण-स्वप्न देख रहे हैं; तो कुछ इन संस्कारों को ही सर्वस्व समझकर गंगा में मिलने वाले गंदे नाले को ही गंगा समझकर उसी में डुबकी मारकर पुण्य प्रसाद लूटने के भ्रम में पड़कर आत्म-प्रवंचना कर रहे हैं। अत: उन्होंने निश्चय किया कि प्रथम तो द्वितीय श्रेणी वालों को, जिनमें कि इस राष्ट्र के कल्याण की भावना है, जो ऋषि-मुनि प्रणीत वैदिक धर्म पुनरुद्धार की कामना करते हैं, उनको एक मार्ग पर लाया जाए, उनको संगठित करके उनमें एकसूत्रता निर्माण की जाए और इसके बाद आज भ्रम से जो अपनी प्राचीन परंपरा से टूटकर दूर जा गिरने के कारण अराष्ट्रीय वृत्तियों के शिकार बन गए हैं, उनकी अराष्ट्रीय वृत्ति दूर करके उनको अपने में मिलाया जाए। उनके कार्य की योजना बन चुकी थी, आंदोलन की रूपरेखा निश्चित थी। एक बार ध्येय और मार्ग निश्चित हुआ कि निष्ठापूर्वक लगन से कार्य करने वाले को ध्येय की ओर अग्रसर होने में देर नहीं लगती। उसकी जीवन-नौका फिर न तो शंका-कुशंका के भँवर में गोता खाती है और न विरोधियों के उठाए हुए झंझावात में डगमगाती है। ज्ञानमय श्रद्धा की पतवार उसको संपूर्ण भँवरों से बचाती है, आत्मविश्वास का पाल उठाते हुए तूफान में भी उसकी गति को बढ़ाया ही है।

शंकराचार्य ने निश्चित किया कि संपूर्ण भारतवर्ष में आंदोलन करने के पूर्व उनके आंदोलन में उनका साथ देने वाले साथी तैयार करने होंगे। इसके लिए श्री काशी (वाराणसी) क्षेत्र से अधिक उपयुक्त और कौन सा स्थान हो सकता था? काशी युग-युग से भारत का सांस्कृतिक केंद्र रहा है। भारत की आत्मा ही काशी में निवास करती है, यह कहा जाए तो कोई अत्युक्ति नहीं

होगी। बड़े-बड़े दिग्गज पंडितों का वहाँ सदा ही जमघट लगा रहता था। दूर-दूर से विद्याध्ययन के निमित्त विद्यार्थी यहाँ आते थे और गुरु के आश्रम में बारह-बारह, पंद्रह-पंद्रह वर्ष रहकर अपने-अपने यहाँ लौटते थे। कोई सुदूर दक्षिण से आता तो कोई उत्तर में कश्मीर से, कोई थार मरुस्थल को पार करता हुआ सौवीर[2] से आता तो कोई पूर्व से अनेक नदियों को लाँघता हुआ प्राग्ज्योतिष से वहाँ पहुँचता। भिन्न-भिन्न प्रांतों से आए हुए ये लोग अपनी आयु के अत्यंत संस्कारक्षम वर्ष यहाँ बिताते। सबके सब एक ही गुरु की अध्यक्षता में भाई-भाई के समान रहते, साथ-साथ उठते, बैठते, खेलते, खाते और सोते। एक वर्ष नहीं, दो वर्ष नहीं, पूरे पच्चीस वर्ष की अवस्था तक। फिर क्यों न इनमें प्रेम निर्माण हो। ऐसे लोगों से भेदभाव भय खाते हैं, विभिन्नता कूच कर जाती है, संकुचितता के नीचे से साँप सरक जाता है तथा प्रांतीयता पास नहीं फटक पाती। इसी बटु संप्रदाय की परंपरा ने संपूर्ण भारत को एक राष्ट्रीयता का जामा पहनाया था, उसको समान विचार, समान आचार और समान भावों के सूत्र में ग्रथित किया था।

स्वामी शंकराचार्य के काल में यह परंपरा तो थी किंतु कुछ क्षीण हो चली थी और फिर वहाँ भी तो भिन्न-भिन्न भावों का प्रतिपादन होता था। हृदय से जैसा रक्त निकलेगा, वही संपूर्ण शरीर में प्रवाहित होगा। अतः उन्होंने सबसे पहले हृदय को ही शुद्ध करने का निश्चय किया। फिर तो शुद्ध रक्त सुगमता से चारों ओर धमनियों और शिराओं तक फैल सकेगा। हाँ, यदि शिराओं और धमनियों में गड़बड़ हो तो उसको भी सुधारना होगा। किंतु पहले तो हृदय की ओर से ध्यान देने की आवश्यकता है। शुद्ध रक्त धमनियों को जीवन देता है। श्रीशंकराचार्य ने दोनों ही कार्य किए। काशी क्षेत्र पर अपने धर्म का सिक्का जमाया तथा वहाँ से आने-जाने की परंपरा को भी पुष्ट किया।

शंकराचार्य ने उक्त निश्चय के अनुसार भगवद्‌गोविंदपाद के शिष्यों के साथ काशी में डेरा डाल दिया। भगवती भागीरथी के किनारे जहाँ एक ही नहीं, दस-दस अश्वमेध करके चतुरंत भारत के एकछत्र साम्राज्य की घोषणा की गई हो, वहाँ उसी दशाश्वमेध घाट पर इन मिटते हुए साम्राज्यों तथा भारत

---

2. सौवीर क्षेत्र का उल्लेख अग्नि पुराण में मिलता है। यह प्राचीन भारत में सिंधु प्रांत का हिस्सा था।

की एकता के प्रश्न पर अवश्य ही विचार किया होगा। वहाँ यदि उन्होंने निर्णय किया हो तो क्या आश्चर्य कि बिना सांस्कृतिक एकता के, बिना विचारों के एकछत्र साम्राज्य के राजनीतिक एकता टिकाऊ नहीं होती। राजनीतिक एकता के मूल में सांस्कृतिक एकता चाहिए। सांस्कृतिक एकता हुई तो फिर राजनीतिक एकता के लिए प्रयत्न करने वाले वीर जन्म ले सकते हैं। सांस्कृतिक एकता होते हुए राजनीतिक भिन्नताएँ भी राष्ट्र का गला नहीं घोंट सकतीं। उसके शरीर को चाहे कृश कर दें, परंतु आत्मा को नष्ट नहीं कर सकतीं। आत्मा यदि बली रही तो वह स्वयं शरीर की चिंता कर लेगी। वहाँ बैठे-बैठे मांधाता, भरत, रघु, राम, युधिष्ठिर, कौटिल्य, चंद्रगुप्त, पुष्यमित्र, शातकर्णि, शिवनाग, भारशिव, वाकाटक, प्रवरसेन, समुद्रगुप्त, चंद्रगुप्त विक्रमादित्य आदि के दिग्विजय के दृश्य एक के बाद एक उनकी आँखों के सामने बने चलचित्र की भाँति निकल गए। उनके समान चतुरंत, एकराट् साम्राज्य स्थापित करने का आदर्श उनके सम्मुख भी आया किंतु उक्त साम्राज्यों से अधिक बलशाली, व्यापक तथा प्रभावी। भूमि के स्थान पर विचारों के एकराष्ट्रत्व की प्राप्ति के संकल्प को उन्होंने मन-ही-मन दुहराया। कल-कल करती हुई जाह्नवी ने उनका समर्थन किया। उसकी उर्मिमाला उछल-उछलकर उनके इस शुभ संकल्प पर उनको बधाई देने का प्रयत्न करने लगी। पुण्य सलिला की स्वच्छ जलराशि ने उनको स्नान के लिए आमंत्रित किया। मानो वह उनमें भगीरथ के अथक परिश्रम फूँक देना चाहती हो, उनमें उन समस्त ऋषियों का तप और तेज फूँक देना चाहती हो, जिन्होंने उसमें स्नान किया और जिनका समस्त तप उसने उनके जल के मिस छीन लिया है, इसीलिए शायद गंगाजल में पवित्रता है, पापियों को भी तारने की शक्ति है, पुण्य करने का सामर्थ्य है। शंकराचार्य जब स्नान करके निकले तो उनकी कांति द्विगुणित थी, मानो उनके मन का निश्चय अपने संपूर्ण तेज के साथ फूट पड़ता हो। अपने विचारों का प्रतिबिंब उन्हें गंगा में दिखाई दिया। अपने आध्यात्मिक जगत् की अभिव्यक्ति गंगा के रूप में उनके सामने थी।

संसार के समान गंगा का जल सामने से भागता जा रहा था, प्रतिक्षण परिवर्तनशील किंतु अभिन्न, कितना अनित्य किंतु शांत! अनेक जलकणों का समूह सामने आता है, क्षण भर खेलता है और आगे बढ़ता जाता है, उसका

स्थान दूसरे जलकण ले लेते हैं, जिनका पहले जलकणों से भिन्न अस्तित्व है किंतु जीवन में समानता है, उसके ही पीछे चलने की इच्छा है, इनसे ही सटे हुए, उस परंपरा में, उसी प्रकार सागर में जा मिलने की आकांक्षा मन में है, इसीलिए काशी की गंगा और हरिद्वार की गंगा एक है। दोनों को कौन अलग कहेगा? कितनी है उनमें भिन्नता, फिर भी वे समान हैं, उनका स्रोत समान है, ध्येय समान है, पुण्य प्रदायिनी तथा पापनाशिनी शक्ति समान है, यही है भेद में अभेद, भिन्नता में अभिन्नता, अनेकत्व में एकत्व, जिसको वे संसार को बताना चाहते थे। गंगा में उठने वाली भँवर और तरंगें सत्य नहीं हैं, वह तो वायु के परिणामस्वरूप हैं। वे ऊपर की हैं, असत्य हैं, नित्य नहीं अनित्य हैं, मिथ्या हैं, धोखा हैं, माया हैं। हाँ, नाविक को तो भँवरों से बचना ही पड़ता है। राष्ट्र का स्वरूप भी सुरसरि के समान प्रतिक्षण परिवर्तनमय प्रवाहित होता है। इस परिवर्तन को रोकने की चेष्टा करना राष्ट्र को रुके हुए पानी के समान गंदा और कीटाणु परिपूर्ण बनाना है। उसी प्रकार इसके स्रोत के साथ संबंध-विच्छेद भी इसके जीवन-रस को शुष्क करने का प्रयत्न है। वे चाहते थे, हिंदू राष्ट्र और हिंदू धर्म का सनातन स्रोत उसी प्रकार अजस्र प्रवाहित रहे, उसमें कहीं अवरोध न आए, परिवर्तन तो होते ही रहते हैं। किंतु उन नाम-रूपात्मक परिवर्तनों की ओट में हम अटल सत्य का, राष्ट्र की सच्ची आत्मा का दर्शन कर सकें। इस अवसर पर उन्होंने गंगास्तोत्र की रचना की, जो कि उनकी भावनाओं का स्पष्ट व्यक्तीकरण है।

शंकराचार्य कुछ काल काशी में रहे। वहाँ उनका प्रत्येक क्षण ध्येयपूर्ति का क्षेत्र तैयार करने में व्यतीत होता था। अपने चारों ओर उन्होंने ऐसे दृढ निश्चयी लोगों को एकत्र करना शुरू किया, जो उन्हीं की तरह विचार रखते थे तथा उनके समान ही जिन्होंने उन विचारों को सत्य सृष्टि में परिणत करने का व्रत ले लिया था। उनका शिष्य मंडल धीरे-धीरे बढ़ता गया। इनमें पद्‌मपाद की उनके प्रति बड़ी श्रद्धा थी। कहते हैं कि इसी श्रद्धा के बल पर पद्‌मपाद गुरुजी के बुलावे पर गंगाजी में नंगे पैर घुस पड़ा। अथाह जलराशि में पग-पग पर उसको प्रस्फुटित पद्‌मपुष्प मिलते गए, जिन पर पाँव रखता हुआ वह सानंद पार आ गया। इसीलिए उसका नाम पद्‌मपाद रखा गया। अपने ध्येय और नेता में श्रद्धा रखकर नेता की आज्ञा मिलने पर बिना

हिचकिचाहट दौड़ पड़ने वाले को कोई कठिनाई नहीं रोक सकती। जिसको श्रद्धा का सहारा है, उसे भला कौन डुबो सकेगा? उसे मार्ग में काँटे नहीं मिलते, मार्ग के शूल भी उसके लिए फूल हो जाते हैं। विपत्तियों को तिल का ताड़ बनाने वाले अश्रद्धालु एवं शंकाशील व्यक्तियों के मार्ग में सदैव ही अलंघ्य पर्वत तथा असीम सागर रहता है, क्योंकि उनकी दृष्टि अपने ध्येय पर नहीं, अपने पैरों की ओर लगी रहती है। उनके मन में अपने ध्येय-देव का ध्यान नहीं होता है अपितु काल्पनिक कठिनाइयों के दानव मुँह बाए उनकी ओर सदा ही दौड़ते दिखते हैं।

अकेला पद्‌मपाद ही क्या, ऐसे अनेक शिष्य थे, जो उनको प्राणपण से चाहते थे तथा उनके इंगित पर जीवन को अर्पण करने में अपने जीवन का अहोभाग्य समझते। वेदांत जैसे शुष्क विषय का प्रतिपादन करने वाले आचार्य शंकर में कितनी आत्मीयता थी, यह तो उनका शिष्य मंडल ही जानता था। गुरु का रोब-दाब उन्होंने कभी नहीं दिखाया बल्कि अवसर पड़ने पर तो उन्होंने अपने शिष्यों की सेवा शुश्रूषा भी की। उदंक की तो उन्होंने कुष्ठ रोग में सेवा की थी तथा अपनी सेवा परायणता से ही उसको इस भीषण रोग से छुटकारा दिलाया। हस्तामलक उनकी आत्मीयता के कारण ही विक्षुब्ध अवस्था को तजकर भली-चंगी अवस्था को प्राप्त हुआ। उनका अपने शिष्यों के साथ गुरु और शिष्य का संबंध न होकर सहयोगियों का सा संबंध था। सब के सब एक ही मार्ग के तो पथिक थे। इसी प्रेम एवं हृदय की विशालता के कारण उनके चारों ओर अत्यंत श्रद्धावान तथा उनके जीवन से, उनके ध्येय से समरस लोगों का समूह एकत्र हो गया। इसी के बल पर वे भविष्य में अपना धर्म प्रचार का कार्य अत्यंत सरलता से कर पाए।

यहाँ रहकर उन्होंने कुछ भक्तिभाव पूर्ण रचनाएँ भी कीं। प्रस्थानत्रयी पर तो उनका भाष्य पूर्व ही प्रसिद्ध हो चुका था। काशी क़े पंडितों में उनके भाष्य की ख़ूब चर्चा होने लगी। कमल अपने खिलने का कभी ढिंढोरा नहीं पीटता, कहीं विज्ञापन नहीं निकलवाता। उसका काम खिलना है, भौंरे स्वयमेव उसके आस-पास मँडराने लगते हैं। महापुरुष को भी अपने नाम का डंका नहीं बजवाना पड़ता। वह कार्यक्षेत्र में उतरता है, उसके सहयोगी और विरोधी अपने आप उसके चारों ओर जुट जाते हैं। शंकराचार्य के चारों ओर

भी पंडितों का जमघट लग गया। कोई उनके साथ शास्त्रार्थ करने आता तो कोई उनके काम में हाथ बँटाने के लिए आता। कोई कुतूहलवश आता तो कोई कुतर्क की कीचड़ से उनको कलंकित करने की कामना से आता। परंतु जो आता, वह उनका होकर जाता। बड़े-बड़े पंडित सिर उठाकर आते और आँखें नीची करके लौटते। शंकराचार्य को गालियाँ देते आते और स्तुति करते हुए लौटते। जो भी उनके पास आता, उसे प्रेमपूर्वक अपने पास बिठाते। उसके मन की सुनते और फिर निरहंकार भाव से उसकी शंकाओं का समाधान करते। विरोधियों का विरोध उनके मीठे शब्दों से ऐसा ठंडा पड़ जाता, जैसे उफनता हुआ दूध ठंडे जल के छींटों से शांत हो जाता है। ज्ञानियों में श्रेष्ठ, सर्व वेद-वेदांग के उद्‌भट विद्वान् शंकराचार्य ने लोगों को अपने ज्ञान से नहीं बल्कि अपने प्रेम से जीता; लोगों के मस्तिष्क पर नहीं, हृदय पर विजय पाई। हृदय जीतने पर मस्तिष्क तो अपने आप वश में हो जाता है, क्योंकि मस्तिष्क तो हृदय का दास है।

चारों ओर शंकराचार्य का यश फैल रहा था, उसी प्रकार उनका शिष्य मंडल भी बढ़ता जा रहा था।

"अब कितने दिनों तक काशी में ही बैठे रहेंगे आचार्य?" एक दिन चित्सुख ने कहा, "काम तो संपूर्ण भारत में करना है। चारों ओर से धार्मिक अनाचार के समाचार बढ़ते ही जाते हैं।"

"धैर्य रखो विष्णु!" शंकराचार्य ने शांतिपूर्वक कहा। वे चित्सुख को अभी भी विष्णु ही कहते थे। वे बोले, "आंदोलन के अनुकूल शक्ति के संचित हुए बिना आंदोलन छेड़कर असफलता और निराशा मोल लेना चाहते हो? आज प्रत्येक अपने धर्म को अखिल भारतीय बनाना चाहता है और यह इच्छा स्वाभाविक भी है। क्यों न अपने विचारों का लाभ अपने देश-बांधवों को दिया जाए। उन्हें सीमित और संकुचित रखने की क्या आवश्यकता है। परंतु उनके सिद्धांत चारों ओर नहीं फैल पाते। उनकी इस असफलता का कारण उनके उन सिद्धांतों की असत्यता, जनता की भावनाओं से प्रतिकूलता तथा सारहीनता ही नहीं है, अपितु उनकी शक्तिहीनता भी है, उनकी कार्य-पद्धति का भी दोष है। केवल अखिल भारतीय नाम देने तथा इच्छा करने से कोई कार्य अखिल भारतीय नहीं हो सकेगा। उसके लिए उस प्रकार के ढंग

से प्रयत्न करना होगा। समस्त समाज की रचना और व्यवस्था करनी है। सब धर्मों का समन्वय करना है, तदनुसार शक्ति भी संचित होनी चाहिए।''

चित्सुख का समाधान हो गया। शंका रहित होने पर कार्य करने की शक्ति बढ़ जाती है, अन्यथा शंकाएँ चित्तवृत्ति को कुरेदती रहती हैं और पैर पकड़कर खींचने का प्रयत्न करती हैं। समस्त शिष्य मंडली और भी वेग से कार्य में जुट गई, क्योंकि उनके कार्य के ऊपर ही उद्देश्य की सफलता निर्भर थी।

शंकराचार्य के मन में कभी छोटे-बड़े, छूत-अछूत का विचार नहीं आया। सच में तो छूत-अछूत की समस्या भी आज की ही है, उस समय उसका अस्तित्व भी नहीं था। फिर भी एक घटना का वर्णन करना आवश्यक है। एक बार शंकराचार्य स्नान करने के लिए जा रहे थे कि एक चांडाल सामने से आया। उनके शिष्यों ने उसको दूर हटने को कहा।

चांडाल एकदम मुड़ा तथा शंकराचार्य से बोला, 'सर्वात्मैक्य तथा अद्वैत की बातें करना तथा व्यवहार में भेदभाव दिखलाना यह कौन सी रीति है, आचार्य? यह आडंबर कैसा? क्या मैं समझूँ कि आपका संन्यास, दंड और कमंडलु सब ढोंग है। और फिर आप किसको दूर हटने को कह रहे हैं? शरीर को? वह तो नश्वर है। मेरे और आपके शरीर में क्या अंतर है? एक से अवयव हैं, अंतर्बाह्य रचना एक सी ही है। इस पर भी शरीर सत्य नहीं माया है। उसके धोखे में पड़कर अभेद का नाम लेकर भेद की सृष्टि कर रहे हैं? यदि आत्मा को आप दूर हटने को कह रहे हैं तो आत्मा तो सबके शरीर में एक है और फिर वह तो साक्षी है, निर्लेप है, उसको किसी का संग नहीं व्यापता। वह क्या किसी के छूने से अपवित्र हो सकती है?'

शंकराचार्य सब शांत भाव से सुनते रहे। उनको अपने शिष्य की भूल पर बड़ा पश्चात्ताप हुआ। उसी समय उन्होंने 'मनीषपंचक' नाम से विख्यात पाँच श्लोकों की रचना की। उस चांडाल को अपना गुरु कहा। इतना ज्ञान रखने वाला चांडाल तो मानो सर्वज्ञ शंकर की ही प्रतिमूर्ति हो। कितना निरहंकार तथा विनम्र था शंकराचार्य का स्वभाव। छोटे-से-छोटे को भी वे अपनाने को तैयार रहते थे। उनसे सीख लेते थे और उसे आदर देते थे। इसीलिए तो कहा है, ''विद्या ददाति विनयम्।''

शंकराचार्य का कार्य गति पकड़ता जाता था। काशी में अब वे चोटी के पंडितों में गिने जाने लग गए। जनता के तो वे हृदय सम्राट् बन ही चुके थे, उधर काशी नरेश भी उनके शिष्य हो गए थे। काशी में राजा और रंक के हृदय में जिसने इतना स्थान प्राप्त कर लिया हो, उसका यश यदि चारों ओर फैलने लगे तो क्या आश्चर्य? उनकी शिष्य मंडली भी अब इतनी हो गई थी कि स्थान-स्थान पर अपने शिष्यों को छोड़कर वे संपूर्ण भारत में एक ही विचारधारा उत्पन्न कर सकते थे। अतः एक दिन उन्होंने अपना दिग्विजय का विचार प्रकट कर दिया। संपूर्ण शिष्य मंडली आनंदातिरेक से नाचने लगी; परंतु शंकराचार्य की मुद्रा शांत एवं ध्यानमग्न थी।

□

दिग्विजय यात्रा

शंकराचार्य के दिग्विजय की घोषणा कानो-कान सारे नगर में फैल गई। इस प्रकार के समाचार तो वायु की गति से भी तीव्र दौड़ते हैं। उनके संपूर्ण सहयोगी उनके पास आ गए। उस एकत्र समुदाय के सम्मुख उन्होंने एक छोटा सा भाषण किया। उन्होंने कहा, "बंधुवर्ग! आज हममें से प्रत्येक अपने तत्त्व सिद्धांतों का सर्वत्र प्रसार करने को उत्सुक है। पिछले 1000 वर्ष में अपने धर्म की स्थिति विचित्र हो गई है। उसकी जड़ों को अनेक प्रकार से खोखली करने का प्रयत्न किया गया है और उसने अपनी संपूर्ण शक्ति लगाकर अपने ऊपर के आघातों को रोका है। हमें अभिमान है कि हमारे धर्म को अंदर और बाहर से कोई भी नष्ट नहीं कर पाया। यहीं पास ही सारनाथ है, वहीं एक दिन भगवान् बुद्ध ने धर्मचक्र-प्रवर्तन की घोषणा की थी। प्राचीन परंपरा के प्रति उदासीन रहकर उन्होंने नई रीति से धर्म की स्थापना की; उनके अनुयायियों ने इस उदासीनता को विरोध में पलट दिया। आक्रमणकारी विदेशियों ने इस विरोध का लाभ उठाकर उसे अपनाया तथा हमारे मर्मस्थलों पर आघात करके हमें नष्ट करने का प्रयत्न किया। किंतु जिस नदी का स्रोत अक्षय हिमराशि के नीचे हिमाद्रि के गर्भ में नहीं है, वह वर्षा ऋतु में कितना भी उफन-उफनकर चले, आस-पास के क्षेत्रों को जलमग्न कर दे, ग्रीष्म में तो वह सूख जाती है; उसका प्रवाह अजस्र नहीं रह सकता। यह श्रेय तो गंगोत्तरी से उद्भूत गंगा को ही मिलेगा। आज वेदविरोधी धर्म अंतिम साँसें ले रहा है। दूसरी ओर हिंदू धर्म के उत्थान के भी प्रयत्न हुए हैं। इन सब प्रयत्नों का हमें समन्वय करना है, एकीकरण करना है। महर्षि कौटिल्य ने जिस राष्ट्र

मंदिर की नींव रखी थी तथा जिसका निर्माण इतने दिनों से अनेक आत्मविजयी, ऋषि-मुनि, दिग्विजयी सम्राट्, कवि, कलाकार, साहित्यकार, स्मृतिकार, पुराण के रचयिता तथा धर्मशास्त्रों के प्रणेता करते चले आ रहे हैं। आज उस मंदिर में राष्ट्रपुरुष की मूर्ति स्थापित करके उसे अभिमंत्रित करना है। भगवान् को धन्यवाद दें कि यह सौभाग्य हमको प्राप्त हुआ है। पूर्वजों के प्रगति पथ पर प्रयाण कर हम उनके कार्य को पूर्ण करें, इस मंदिर के प्रथम पुजारी बनें। ऐसा प्रबंध कर चलें कि पीछे आने वाली पीढ़ियाँ इस मंदिर में अनंत काल तक पूजा कर सकें। जिन तत्त्वों का प्रतिपादन किया है, वे वेद सम्मत हैं, सत्य हैं, शाश्वत हैं, लोक कल्याणकारी हैं। किंतु केवल तत्त्वों को तर्क के तराजू में तौलते उनकी सत्यता और सुंदरता की आपस में ही चर्चा करते हुए मन-ही-मन मोद मनाते रहना अथवा कल्पना के क़िले बनाते रहने में काल का व्यय करना किसी भी उपयोग का नहीं है। उन तत्त्वों को व्यवहार में लाने की आवश्यकता है। अपने धन, धाम, धरणी और धर्म की रक्षा के निमित्त अपना संदेश देश के कोने-कोने में, घर-घर में पहुँचाना होगा। देश की दुर्दशा तथा दीन-दुखियों पर दलबद्ध दुष्ट दानवों के अनाचार को देखकर केवल दो आँसू बहाने की अपेक्षा देह को कष्ट देकर दंभियों के दंभ को दूर करना होगा। दुष्टों की दुष्टता का दलन करना होगा। हमारे धैर्य के सम्मुख दुर्विनीतों का दर्प चूर हो जाएगा, दुष्टों की दाल नहीं गल पाएगी तथा तामसी तस्कर तीन-तेरह हो जाएँगे, जिसको अपने धर्म से प्रेम है, जिसकी नसों में अपने पूर्वजों का रक्त प्रवाहित होता है, जिसको अपने कार्य पर श्रद्धा है, जिसके मन में आत्मविश्वास जड़ जमाकर बैठा है, जिसके हृदय में उत्साह का सागर हिलोरें ले रहा है; मान-सम्मान, सुख और आनंद को विदा कर चुके हैं, जिन्होंने कष्टों का कर ग्रहण किया है, वे इस देश के कार्य के निमित्त, पुण्य कार्य के निमित्त मेरे साथ आएँ। भगवान् का आशीर्वाद, अपने पूर्वजों का पुण्य प्रताप, अनेक तपस्वियों का तपस्तेज तथा वीरों के बलिदान हमारे साथ हैं। हमें विश्वास है कि सफलता हमारा मार्ग साफ़ करती हुई चलेगी। जिसे चलना हो वह चले।''

शंकर स्वामी ने शंख की ध्वनि की। चारों ओर का वातावरण गूँज उठा। कान में तेल डालकर बैठे हुए कर्महीनों के कर्ण-कुहरों में भी ध्वनि समा

गई। विरोधियों के दिल दहल गए, अच्छे-अच्छे उस्ताद सब छक्के-पंजे भूलकर कन्नी काटने लगे। मत-मतांतर मनौतियाँ मनाने लगे। प्रपंच परकटे पक्षी की भाँति छटपटाने लगा। आडंबर अचकचाकर पोल खुलती देख पीला पड़ गया। अनेकता और अनबन अब कुछ बनती न देखकर पाँव दबाकर खिसकने लगे। भेदभाव अपने ही भँवर में चक्कर खाने लगे, भीरुता भय खा गई, कायरता कूच कर गई तथा क्रूरता को काठ मार गया। उसी शंखध्वनि ने सहयोगियों का दिल दूना कर दिया। कर्मयोगियों के कर में मानो करवाल आ गई। ऐरे-ग़ैरों में भी गुरुमंत्र के प्रभाव से अच्छे-अच्छों से आँखें मिलाकर खड़े होने की हिम्मत आ गई। समन्वयता मानो संपूर्ण गगन-मंडल में गूँज के साथ छा गई। सरलता और शांति के साम्राज्य की मानो घोषणा हुई हो। स्पष्टवादिता सीधी-सीधी सुनाने को समुद्यत हो गई। मेल-मिलाप मनमुटाव को मटियामेट करके मोद मनाने लगे। शूरता सिर सवार थी, वीरता बढ़कर बातें करने लगी, दया दिल खोलकर दान देने लगी। अभेद और अद्वैत आनंदातिरेक से आपे से बाहर हो रहे थे।

स्वामी शंकराचार्य ने अपनी दिग्विजय के निमित्त कूच कर दिया। काशीराज रतन सिंह उनके साथ थे। न्याय और सत्य के पीछे शक्ति का रहना आवश्यक है। वे जानते थे कि बिना सत्य के शक्ति अंधी होती है तो बिना शक्ति के सत्य भी पंगु है। सहिष्णुता की भूमि भारत में उन्हें अपने जीवन का न तो डर था और न ही उसका मोह। किंतु वे संपूर्ण भारत में जन-आंदोलन करने को निकले थे। इसीलिए जनता को आकर्षित करने के लिए, उस प्रभाव जमाने के लिए ठाठ-बाट तथा सज-धजकर चलने की आवश्यकता थी। अपने आंदोलन को सफल बनाने के लिए यह साज शंकराचार्य ने सजाया, सब साधन सामग्री जुटाई किंतु स्वयं इन सबसे अलिप्त थे। उनको छत्र, चँवर और अस्त्र-शस्त्र से क्या प्रयोजन? उन्होंने तो वैराग्य का कवच पहन रखा था। ज्ञान की ढाल धारण कर रखी थी, प्रस्थानत्रयी ही उनके शस्त्र थे और शिष्य वर्ग ही उनकी सेना। और यह सेना गंगा के किनारे-किनारे गाती जाती थी—

भगवति तव तीरे नीरमात्रशनोऽहं
विगतविषयतृष्णा कृष्णामाराधयामि।

सकलकलुषभङ्गे स्वर्गसोपानसङ्गे
तरलतरतरङ्गे देवि गङ्गे! प्रसीद ॥ 1 ॥

भगवति भवलीलामौलिमाले तवाम्भः
कणमणुपरिमाणं प्राणिनो ये स्पृशन्ति
अमरनगरनारी चामरग्राहिणीनां
विगतकलिकलंकातंकमके लुठन्ति ॥ 2 ॥

ब्रह्माण्डं खण्डयन्ति हरशिरसि जटावल्लिमुल्लासयन्ती,
स्वर्लोकादायपतन्ती कनकगिरिगुहागण्डशैलात्स्खलन्ती
क्षोणीपृष्ठे लुठन्ती दुरितचयचमूर्निर्भरं भर्त्सयन्ति
पाथोर्धि पूरयन्ती सुरनगरसरित्पावनी नः पुनातु ॥ 3 ॥

मज्जन्मातङ्गकुम्भच्युतमदमदिरा मोदमत्तालिजालं
स्नानैः सिद्धाङ्गनानां कुचयुगविगलत्कुङ्कुमासङ्गपिङ्गम्।
सायं प्रातर्मुनीनां कुशकुसुमचयैश्छन्नतीरस्थनीरं,
पायान्नो गाङ्गमंभः करिरमभकराक्रान्तरंहस्तरङ्गम् ॥ 4 ॥

आदावादिपितामहस्य नियमव्यापारपात्रेजलं,
पश्चात्पन्नगशायिनो भगवतः पादोदकं पावनम्।
भूयः शम्भुजटाविभूषणमणिर्जह्नोर्महर्षेरियं
कन्या कल्मषनाशिनी भगवती भागीरथी पातु माम् ॥ 5 ॥

शैलेन्द्रादवतारिणी निजजले मज्जज्जनोत्तारिणी
पारावारविहारिणी भवभयश्रेणीसमुत्सारिणी।
शेषांङ्गैरनुकारिणी हरशिरोवल्लीदलाकारिणी,
काशीप्रान्तविहारिणी विजयते गङ्गा मनोहारिणी ॥ 6 ॥

कुतो वीची वीचीस्तव यदि गता लोचनपथं
त्वमा पीता पीताम्बरपुरनिवासं वितरसि।
त्वदुत्सङ्गे गङ्गे पतति यदि कायस्तनुभृतां
तदा मातः शान्तक्रतवपदलाभोऽप्यतिलघुः ॥7 ॥

गद्राष्टकमिदं पुण्यं यः पठेत्प्रयतो नरः।
सर्वपापविनिर्मुक्तो विष्णुलोकं स गच्छति॥ 8॥

मातर्जाह्नवि शंभुसंगमिलिते मौलौ निधायाञ्जलिं,
त्वत्तीरे वपुपोऽवसानसमये नारायणाङ्घ्रिद्वयम्।
सानन्दं स्मरतो भविष्यति ममप्राणप्रयाणोत्सवो,
भूयाद्भक्तिरविच्युता हरिहराद्वैतात्मिका शाश्वती॥ 9॥

गंगा के किनारे-किनारे उत्तर की ओर यह तरुण तपस्वियों का दल बढ़ा। शंकराचार्य ऊपर की ओर गए, शायद इसीलिए कि वे राष्ट्र भागीरथी का उसके उद्‌गम से, पूर्व इतिहास से संबंध स्थापित करना चाहते थे। मार्ग में ग्राम-ग्राम में लोग उनके दर्शनों को आते, आचार्य का उपदेशामृत पान करके तृप्त हो जाते। शैव उनको साक्षात् शंकर का अवतार मानते तो वैष्णव उनमें विष्णु की छटा देखते। सभी देवी-देवता एक ही परब्रह्म के भिन्न-भिन्न स्वरूप हैं, यही लोगों को वे बताते थे। रामेश्वरम् में शिव की प्रतिष्ठा और उपासना करके समुद्रोत्तरण और लंका विजय करने वाले राम और राम का नाम लेकर हलाहल का पान करने वाले शिव में विरोध कैसा? सती के शव को कंधों पर रखकर भारत भ्रमण करने वाले शिव और दूसरे जन्म में भी शिव का वरण करने की इच्छा से घोर तपस्या करने वाली गिरिजा में कैसा अंतर? ये सब तो एक ही हैं। जो वैष्णव है, वह शैव है और वही शक्ति भी है। एक की पूजा और दूसरे का विरोध; भला यह कैसे चल सकता है, इसीलिए स्थान-स्थान पर पंचायतन की पूजा करने का आदेश दिया है। हाँ, अपने-अपने इष्टदेव को मध्य में रखने की हरेक को सुविधा थी। कोई बड़ा नहीं, कोई छोटा नहीं। शिवभक्त विष्णु को पूजे और परम वैष्णव शिव की पूजा-अर्चना करें। यही था उनका संदेश, जिसको ग्रामवासियों ने बड़े चाव से सुना और समझा। उनकी वाणी में तो इतना प्रभाव था कि मुख से निकली हुई बात घर कर जाती थी, हृदय में जमकर बैठ जाती थी।

सांध्य गगन में जब लालिमा छा जाती और श्रम से श्रांत रवि सोने जाता तो शंकर स्वामी का शिष्य मंडल भी गंगा के कछार में अपना डेरा डाल देता।

सब शिष्यगण नित्यकर्म से निवृत्त होकर शांत वातावरण में ध्यान-मग्न हो जाते। शीतल समीर भी शांति भंग होने के भय से एक ओर स्तब्ध खड़ा रहता। इस नीरव वातावरण में कल्पना चक्षुओं के सामने कई दृश्य आते और चले जाते। जगद्गुरु भारतवर्ष का भव्य चित्र आँखों के सम्मुख आता और उन्हें मालूम होता, मानो वे एक स्वर से संसार की शांति, सहिष्णुता और समन्वय की शिक्षा दे रहे हैं। गंगा चुपके से कान में कुछ कह जाती; शायद अपने बीते दिनों की याद दिला जाती हो, जबकि उसके किनारे भारशिवों और गुप्तों ने विदेशी आतताइयों को दूर भगाकर यज्ञ किए थे। गंगा को ही उन्होंने अपना राजचिह्न बनाया था, क्योंकि गंगा गंदे नाले को भी अपने में मिलाकर अपने जैसा पवित्र और पुण्यप्रद बनाने की योग्यता रखने के कारण भारत की आत्मा का प्रतीक है; गंगा ही उसकी अभिव्यक्ति है उसके इतिहास की प्रतिमूर्ति है; उसके ज्ञान की जननी तथा संस्कृति का पोषण करने वाली है। आचार्य शंकर उनको गुप्तों के स्वर्ण युग की अनेक घटनाएँ सुनाते, अनेक प्रवृत्तियाँ समझाते तथा इतिहास का विवेचन करते। किस प्रकार शकों और हूणों की बर्बरता से मुक्त करने के लिए हिंदू धर्म की प्रेरणा मिली तथा उस युग के राष्ट्रीय वीरों ने सब धर्मों को छोड़कर 'एकं सद्विप्रा बहुधा वदन्ति' के सिद्धांत को मानो भुलाकर हिंदू धर्म का उत्थान अपना राष्ट्रीय कर्तव्य समझा; यह सब उनको बताते। इस पावन इतिहास और पुराणों पर प्रवचन सुनने के लिए सप्तर्षि तथा अन्य ऋषिगण नीलाकाश से उतरकर भागीरथी के जल में छिप जाते, बैठे-बैठे चुपके से सुनते रहते। जब कभी आनंदातिरेक से हर्ष-ध्वनि करते तो गंगा का जल कल-कल कर उठता; मछलियाँ छपाक से पानी के ऊपर उछलकर अंदर चली जातीं। कथा, वार्त्ता समाप्त हो जाती, शिष्यगण सो जाते किंतु ऋषिगण वहाँ बैठे हुए रात भर विचार-विनिमय करते रहते और प्रातःकाल शंकराचार्य के कार्य को समाधान मानते हुए अपने-अपने धाम को चले जाते। शंकराचार्य भी अपने दलबल सहित आगे को बढ़ते; सूर्य भी उनके पीछे-पीछे चलता; आचार्य के आगे रहने की धृष्टता कैसे करता। इसीलिए आचार्य मध्याह्न को वृक्षों की छाया में रुक जाते; सूर्य को अपने कर्तव्यकर्म में बाधा न आए, इसीलिए आगे जाने को मार्ग दे देते। वृक्ष अपनी छाया को चारों ओर से समेटकर स्वामी

शंकराचार्य के चरणों में अर्पित कर देते अथवा इतने बड़े महापुरुष के अपने यहाँ आगमन पर संकोच के कारण छोटा-छोटा अनुभव करते थे। यही था उनका दैनिक कृत्य। ज्यों-ज्यों वे बढ़ते जाते उनके शिष्यों की संख्या भी बढ़ती जाती।

काशी से चलकर वे चरणाद्रिगढ़ में आए, जहाँ विंध्याचल गंगा अवगाहन करने के लिए उतरता है तथा महर्षि अगस्त्य की आज्ञा के कारण नतमस्तक है। इस उत्तर और दक्षिण के सम्मिलनकर्ता के चरण चूमकर गंगा भी अपने को धन्य मानती है। महात्मा भर्तृहरि की स्मृति को, उन्होंने भाई को राज्य देकर स्वयं लोक कल्याणार्थ संन्यास का जीवन व्यतीत किया, सादर शीश नवाकर शिष्य मंडली प्रयाग (इलाहाबाद) पहुँची। प्रयाग वह स्थान है, जहाँ स्वामी शंकराचार्य काशी के बाद कुछ दिन रुके।

□

प्रयाग में

वह दिन धन्य है, जिस दिन शंकराचार्य ने प्रयाग में प्रवेश किया। अब भी हम उस दिन मेला लगाते हैं। परंतु हममें से कितने जानते हैं कि ऐसे ही एक मेले में शंकराचार्य भी आए थे और वहीं उन्होंने अपने मत का प्रतिपादन किया था। हमारे राष्ट्रीय जीवन में मेलों का स्थान अत्यंत महत्त्व का है। इसके द्वारा हमारे मन पर बाल्यकाल से ही विशालता और व्यापकता के ऐसे संस्कार पड़ते हैं कि वे जीवन भर हमारे साथ रहते हैं। जिस स्थान पर मेला लगता है, उसके संबंध में हमारे मन में एक पावित्र्य और श्रद्धा की भावना का निर्माण हो जाता है। यदि कहीं किसी ऐतिहासिक महापुरुष अथवा घटना की स्मृति में मेला लगा हो तो वह घटना हमारे जीवन का ही अंग बन जाती है और उस महापुरुष का संपूर्ण जीवन एकबारगी हमारी आँखों के सामने से निकल जाता है तथा फिर किसी भी मेले में जाइए, आपको वहाँ भारत के कोने-कोने से आए हुए साधु-संत मिलेंगे। बड़े-बड़े विद्वान् मिलेंगे। बस चारों कोनों से छोटे-बड़े जीवन की प्रत्येक अवस्था, प्रत्येक क्षेत्र तथा भारत के प्रत्येक स्थान के लोग, जहाँ एकत्र होते हों, वहाँ यदि भारतीयत्व का साक्षात्कार नहीं होगा तो कहाँ होगा?

इन्हीं मेलों में आकर विद्वान् लोग अपने-अपने मतों का प्रतिपादन करते थे और वे मत सहज रूप में संपूर्ण भारत में फैल जाते थे। हमारे आर्थिक जीवन पर इन मेलों का जो प्रभाव होगा, वह तो सहज में ही जाना जा सकता है। माघी अमावस्या का दिन था, आज भी यात्रीगण उस दिन आकर गंगा में स्नान करके अपने जीवन में कुछ पुण्य-भावना लेकर चले जाते हैं। किंतु उन

दिनों तो साधु-संत के दर्शन और उनके उपदेश से अपने मानस को भी स्नान कराके पुनीत करने की सुगंधि प्रत्येक को मिलती थी। उस वर्ष आने वाले यात्री अपने को धन्य समझते थे। वर्षों का कल्मष मानो धोने का उन्हें अवसर प्राप्त हुआ था। उस दिन लोग आकर पितृ-तर्पण करते हैं। आज उनका वास्तविक तर्पण हुआ। आज उन्होंने केवल जल की दो अंजुलियाँ ही पितरों के नाम पर नहीं दीं अपितु अपने हृदय से भी तर्पण किया। पूर्वजों की स्मृति को बनाए रखना, उनकी परंपरा के प्रवाह को आगे बढ़ाते रहना, उनकी धर्म ज्ञान, विज्ञान आदि क्षेत्रों में की हुई प्रगति की वृद्धि करना, उनकी आत्मा के रंग में रँगकर उनके आदर्शों की रक्षा के हित जीवन व्यतीत करना ही तो तर्पण का सच्चा उद्‌देश्य है। आज उस उद्‌देश्य की सिद्धि हुई, क्योंकि स्वामी शंकराचार्य ने उनको अपने संपूर्ण पुरुषार्थों की आत्मा का साक्षात्कार करा दिया था।

माघ मेला तो समाप्त हो गया, किंतु स्वामी शंकराचार्य वहाँ कुछ दिन और ठहरे। मेला वैसा ही लगा रहा, हाँ; अब संगम के पास से उठकर वह भरद्वाज आश्रम पर आ गया था। प्रयाग की तो वैसे पग-पग भूमि पवित्र है, क्योंकि वहाँ पग-पग पर प्रजापति ब्रह्मा ने यज्ञ किए थे, इसीलिए उसका नाम 'प्रयाग' पड़ा, परंतु भरद्वाज आश्रम तो और भी अधिक पवित्र था। वहीं चारों वेदों के अधिष्ठाता ब्रह्मा के मुख से तथा उनके प्रतिनिधि स्वरूप अनेक कुलपतियों, आचार्यों एवं वेदज्ञों के मुख से सतत श्रुतिस्वरूपा सरस्वती का स्रोत प्रवाहित होता रहता था। उस सरस्वती में स्नान करके हमारे बटु अपने जीवन के पावित्र्य और पुरुषार्थ की भावना लेकर पुण्य प्राप्त करते थे। इसी भरद्वाज आश्रम में एक बहुत बड़ा विद्यालय था तथा सहस्रों विद्यार्थी वहाँ शिक्षा ग्रहण करते थे—भगवान् राम के रजःकणों से पवित्र भरद्वाज आश्रम का महत्त्व बौद्ध-काल में जाता रहा था, उन दिनों वहाँ सरस्वती का आजकल की भाँति लोप हो गया था।

आचार्य शंकर ने कई बार उसी जगह फिर सरस्वती को प्रवाहित किया, उन्होंने वेदांत सूत्रों का अध्यापन प्रारंभ कर दिया। सूत्रों का भाष्य तथा उनका विशदीकरण सतत चलता रहता था और सरस्वती की उस निर्मल ज्ञानमयी धारा में स्नान करने को हज़ारों की भीड़ लगी रहती थी। वेदांत के जिज्ञासु

दूर-दूर से दौड़कर आने लगे। उनके बहुत से विरोधी भी उनसे तर्क करने के लिए आए और उनके शिष्य बनकर रह गए। कई बार तर्क और शास्त्रार्थ आदि शब्द को सुनकर हमारी कल्पना हो जाती है कि उनमें खूब चोंच-भिड़ंत होती होगी। परंतु शंकराचार्य की यह पद्धति नहीं थी। वे तो चोंच-भिड़ंत से दूर भागते थे, क्योंकि वे जानते थे कि तर्क द्वारा यदि अपने ज्ञान के कारण एक बार विरोधी का मुँह बंद भी कर दिया तो क्या वह अपना हो जाएगा? तर्क से मित्र नहीं बन सकता, शत्रु चाहे बन जाए। तर्क के लिए तर्क करने वालों से उन्होंने कभी बात नहीं की। हाँ, जो मन में सच्ची शंकाएँ लेकर आता था, जिसके मन में देश और धर्म का सच्चा प्रेम रहता था, उसकी शंकाओं का समाधान करते तथा उसके ऊपर अपनी योग्यता, मार्ग की सच्चाई तथा अपने हृदय की दृढता और निस्स्वार्थता की छाप लगाते देर नहीं लगती। यहाँ भी उन्होंने अपने शिष्यों की संख्या में पर्याप्त वृद्धि की।

शंकराचार्य के अलौकिक ज्ञान-पुंज की प्रभा से ही प्रयाग आलोकित नहीं हुआ, अपितु उनकी स्नेह-स्निग्ध हृदय की रसधारा के प्रवाह से सिंचित हो सरस भी हो उठा। एक दिन उनका एक शिष्य अक्षयवट[3] को देखने गया। यह वटवृक्ष सृष्टि के आदि काल से अपने स्थान पर खड़ा हुआ था। प्रलय के समय समग्र सृष्टि के नष्ट हो जाने पर भी वटवृक्ष इसी प्रकार बना रहा था। मार्कंडेय ऋषि ने उस समय इसी पर आश्रय लिया था। उस वटवृक्ष के नीचे उसने कुष्ठ रोग से पीड़ित एक व्यक्ति को देखा। उसका समस्त शरीर श्वेत हो गया था। आँखों में सूर्य की ओर देखने की शक्ति नहीं रह गई थी। जीवन से वह निराश हो चुका था तथा आत्महत्या जैसे जघन्य कृत्य का सहारा लेकर अपनी दयनीय दशा से छुटकारा पाना चाहता था। शिष्य ने उसको आत्महत्या से रोका और शंकराचार्य के पास ले आया, क्योंकि उसको विश्वास था कि आचार्य उसको अवश्य ही चंगा कर देंगे। लोग उसको देखकर दूर भागने लगे; शिष्य को बुरा-भला कहने लगे कि किस बला को मोल ले आए। किंतु आचार्य ने सहर्ष उसका स्वागत किया। स्वयं उसकी

3. अक्षयवट वर्तमान में इलाहाबाद में स्थित है। यमुना नदी के किनारे स्थित यह वृक्ष हजार साल पुराना है। मोक्ष की कामना के लिए इस वृक्ष से कूदकर नदी में छलाँग लगाना कभी प्रचलन में था। अतीत में इस वृक्ष को काटने और जलाने के कई उल्लेख मिलते हैं। लेकिन हर बार यह फिर से हरा-भरा हो जाता है।

सेवा शुश्रूषा की, औषधोपचार किया। महापुरुषों का विभूतिमत्व ही है कि वह अच्छा भी हो गया। उसके शरीर के धब्बे जाते रहे। उसके जीवन में मानो अपना जीवन डालकर शंकराचार्य ने उसको जीवन प्रदान किया। उसका नाम 'उदंक' रखा तथा उसे अपना शिष्य बना लिया। अपने समाज के गए-बीते लोगों के संबंध में भी उनके हृदय में कितना प्रेम था, कितना सौहार्द था। इसीलिए तो समाज उनका हो गया। वे समाज के सेवक बने तो समाज भी उनका सेवक बन गया।

प्रयाग के निवास काल में ही उनकी भारती यमुनाष्टक, प्रयागाष्टक, माधवाष्टक, लक्ष्मी-नृसिंह, पंचरत्न तथा वेदसार शिवस्तोत्र नामक कविताओं के रूप में प्रकट हुए। प्रयागाष्टक का एक-एक अक्षर शंकराचार्य की प्रयाग और यमुना के संबंध की श्रद्धा की ही मूर्ति है। इनके साथ जो हमारी प्राचीन स्मृतियाँ छिपी हुई हैं, वे इन अष्टकों को पढ़कर एकदम जाग्रत् हो जाती हैं तथा हृदय स्वाभिमान, श्रद्धा एवं भक्ति से अभिभूत हो जाता है।

प्रयाग में शंकराचार्य ने एक बड़ी विजय पाई, जिसका वर्णन किए बिना शंकराचार्य की प्रयाग यात्रा का वृत्तांत अधूरा ही रह जाएगा। यह विजय थी प्रतिष्ठानपुरी के प्रभाकराचार्य के ऊपर। प्रतिष्ठानपुरी गंगा के वाम तट पर बसी हुई है तथा प्राचीन काल में सोमवंशी राजाओं की राजधानी थी। प्रतिष्ठानपुरी में कुमारिल भट्ट का शिष्य प्रभाकराचार्य रहता था। प्रभाकर कहने को तो कुमारिल भट्ट का शिष्य था; किंतु उसने कर्मकांड में भी अपना नया ही मार्ग निकाल रखा था। कर्मकांड को वह जीवन का सार सर्वस्व समझता था। स्वामी शंकराचार्य स्वयं उसके पास गए। इतने बड़े महापुरुष को स्वयं उससे मिलने के लिए आया हुआ देखकर प्रभाकराचार्य गर्व से फूल गया। उसका दिमाग आसमान पर चढ़ गया। वह समझने लगा कि अवश्य ही वह कोई महान् व्यक्ति है, जिससे शंकराचार्य जैसे पुरुष मिलने आते हैं। उसने सोचा कि अब तो वे मेरे यहाँ आ ही गए हैं; उनको जीतकर शिष्यों समेत अपने मत में दीक्षित कर लूँगा। किंतु चौबे जी गए थे छब्बे होने वहाँ दुबे ही रह गए। गए तो थे शंकराचार्य को जीतकर शिष्य बनाने, वहाँ स्वयं ही हारकर शिष्य बन गए। यही नहीं, उसका समस्त अग्रहार शांकरमत में दीक्षित हो गया।

प्रभाकर को जीतने में केवल शंकर के ज्ञान ने ही नहीं अपितु एक घटना ने भी बहुत सहायता की, जिसका प्रभाकर के जीवन से घनिष्ठ संबंध था। प्रभाकर के पृथ्वीधर नाम का एक पुत्र था। पाँच वर्ष की अवस्था से ही बोलना-चालना बंद कर दिया था। योगी की भाँति शांत चित्त से बैठा रहता था। प्रभाकर ने अनेक प्रयत्न किए, औषधोपचार करवाए, किंतु कोई परिणाम नहीं हुआ। स्वामी शंकराचार्य ने देखा कि पृथ्वीधर में समझ और ज्ञान का अभाव नहीं है, यद्यपि उसकी विक्षिप्त की सी अवस्था है। इसका कारण था कि अपनी सुप्त भावनाओं के प्रकटीकरण का अवसर नहीं मिलता था। कोई उससे प्रेम से बोलता नहीं था और न उसे समझाने का प्रयत्न करता था। शंकराचार्य ने उससे अत्यंत आत्मीयता से बातें कीं। बालक तो प्रेम का भूखा होता है, वह हृदय की पहचान जानता है। अत: इनके निकट आ गया। आचार्य ने धीरे-धीरे सरल प्रश्न करते हुए उसके मन की गूढ बातों को निकाल लिया। मालूम हुआ, उसके मन में तो वेदांत के गूढ सिद्धांत पहले से ही जमे बैठे हैं। उसको भला इतने घोर कर्मकांडी के घर में कैसे शांति मिलती? शंकराचार्य के सामने अपना हृदय खोलकर उसने शांति लाभ किया। शंकराचार्य ने उसको अपना शिष्य बना लिया तथा 'हस्तामलक' नाम दिया। क्योंकि उसका संपूर्ण ज्ञान हाथ में रखे हुए आँवले के समान सुस्पष्ट था।

□

कुमारिल भट्ट

प्रतिष्ठानपुरी में प्रभाकराचार्य को अपने मत में दीक्षित करके शंकर स्वामी ने पूर्व मीमांसकों के एक वर्ग को तो अपनी ओर मिला लिया था, किंतु अभी भी उनमें बहुत बाक़ी थे। इस वर्ग की विशेषता यह थी कि इनमें अपनी प्राचीन परंपरा का प्रेम पूर्ण रूप से होता था। बेदों के प्रति इनकी अमिट श्रद्धा थी; राष्ट्र के संबंध में असीम भक्ति थी। धार्मिक कट्टरपन भी इनमें ख़ूब देखने को मिलता था। गुरु तथा वैदिक धर्म के पुनरुद्धार में जीवन खपा देने वाले कुमारिल की स्मृति प्रयाग में अभी भी ताजी थी। स्वामी शंकराचार्य भली-भाँति जानते थे कि कुमारिल ने ही बीहड़ जंगलों को काटकर उनके लिए मार्ग साफ़ किया है। बंगाल, बिहार, मध्य प्रदेश, शूरसेन आदि प्रांतों में बौद्धों को उखाड़ फेंकने का श्रेय यदि किसी को दिया जा सकता था तो वह कुमारिल भट्ट को ही। उन्हीं के प्रयत्नों के परिणामस्वरूप चारों ओर फिर वैदिक धर्म का बोलबाला हो रहा था। फिर भी वैदिक धर्म अभी भी जनता का धर्म नहीं बन पाया था। पिछली शताब्दी के संस्कार इतने गहरे थे कि उनको मिटाया नहीं जा सकता था। आचार्य शंकर बैठे-बैठे इसी समस्या पर विचार कर रहे थे कि एकाएक उनके मुख से निकल गया, "काश, कुमारिल आज तुम होते!" कुमारिल जैसे अद्वितीय विद्वान् तथा अथक परिश्रम करने वाले सहायक के रूप में शंकराचार्य कितने वेग से अपना कार्य पूर्ण कर लेते थे। आज उनको उसका अभाव खटक रहा था। आचार्य के उद्‌गार पास में बैठे हुए उदंक की समझ में नहीं आए। उसने विनयपूर्वक पूछा, "किसको स्मरण किया आचार्य? ये कुमारिल कौन हैं?"

"अरे कुमारिल को नहीं जानते, उदंक?" आचार्य ने तनिक क्षुब्ध होकर कहा।

उदंक शांत था। केवल उसकी दृष्टि जिज्ञासा भाव प्रकट कर रही थी।

"हम लोगों के मार्ग से जिस महापुरुष ने समस्त बाधाओं को दूर किया, हम उसको न जानें, यह हमारा दुर्भाग्य ही है उदंक!" आचार्य ने कहा। उदंक को मन-ही-मन अपने अज्ञान पर और उससे भी अधिक उस जिज्ञासु वृत्ति पर, जिसके कारण उसका अज्ञान प्रकट हो गया, दु:ख हो रहा था।

आचार्य ने फिर कहा, "कुमारिल पिछली शताब्दी में पूर्व मीमांसा के एक उद्‌भट विद्वान् हो गए हैं। उनके पास केवल विद्या और बुद्धि ही नहीं, एक राष्ट्रप्रेमी का हृदय भी था। चारों ओर धर्म का ह्रास देखकर उनका हृदय हाहाकार कर उठता था। नास्तिकों के अनाचार को देखकर उनको मर्मांतक वेदना होती थी। परंतु दु:ख और दुरवस्था को देखकर हाथ-पर-हाथ रखकर बैठने वाले वे नहीं थे। उनके जीवन में भाग्यवादियों की निष्क्रियता नहीं थी। वे कर्मयोगी थे, उद्योगी थे, पुरुषार्थ करना जानते थे। दु:खित अंत:करण ने उनके उद्योग को दृढ निश्चय का पुट दिया। धर्म स्थापना की लालसा ने उनको कष्ट सहने का सामर्थ्य प्रदान किया। वेदों के पतन से दु:खित और चिंताग्रस्त राजकुमारी के वचन 'को वानु वेदानुद्धरिष्यति' अपने जीवन में सुने थे, वे सतत उनके कानों में गूँजते रहते थे। ये शब्द उनको शांत नहीं बैठने देते थे। वे उनको निरंतर कर्म करने के लिए प्रेरित करते रहते थे। मानो सिर पर कोई प्रेत सवार हो गया हो।"

उदंक दत्तचित्त होकर सुन रहा था। आचार्य ने देखा, वे तनिक रुके और फिर बोले, "कुमारिल ने वेद विरोधियों को नष्ट करने का निश्चय कर लिया। बौद्ध उनकी आँखों में शूल की तरह खटकते थे। उन्हें उनका विनाश करना था। शत्रु के रहस्य का ज्ञान करके उसे सहज में परास्त किया जा सकता है। इसीलिए उन्होंने छद्‌मवेश धारण करके वेद विरोधी बौद्ध धर्म की शिक्षा पाने के लिए एक मठ में प्रवेश किया। कितना अधिक था उनका त्याग और कितना अधिक था उनका संयम, जिससे कि वे अपने जीवन से भी प्रिय धर्म की कटु से भी कटु आलोचना सहज भाव से सुनते रहते थे। किंतु वेदना कहाँ तक दबाई जा सकती है? अग्नि को कब तक बंद रखा जा सकता है। एक दिन वह

फूट ही पड़ी। बौद्ध गुरु के मुख से वेदों की निंदा सुनकर हृदय फूट पड़ा; वह रोया और इतना रोया कि अंत में दो बूँद आँसू ढुलक ही तो पड़े। घर से निकाले हुए व्यक्ति की भाँति उन दो आँसुओं ने भी भेद खोल दिया, अहिंसा की डींग मारने वाले बौद्धों ने उनके प्रति हिंसा की, उनके प्राण लेने का निश्चय किया, किंतु प्राणों के बदले एक आँख देकर वे वहाँ से बच निकले।''

उदंक के मुख पर शोक और हर्ष के सहानुभूतिसूचक भाव स्पष्ट दिखाई दे रहे थे। आचार्य का भी एक बार तो बौद्धों के कुकृत्य पर मन उद्दीप्त हुआ, किंतु सहज रूप से उसे दबाकर वे उसी प्रकार शांतचित्त से कहते गए।

कुमारिल भट्ट ने बौद्ध धर्म का ज्ञान प्राप्त कर लिया था। बौद्धों की छिपी दुर्भावनाओं, उनकी अराष्ट्रीय वृत्तियों का उन्हें ज्ञान हो गया था। अतः अब तो उन्हें राष्ट्र में फैला हुआ यह विष अत्यधिक पीड़ा देने लगा। उन्होंने संपूर्ण भारत में घूम-घूमकर बौद्ध धर्म का खंडन और बौद्ध धर्म के प्रतिक्रियास्वरूप कर्मकांड का प्रतिपादन करना आरंभ कर दिया। नास्तिकवाद हाहाकार कर उठा। उसका तो कोई ईश्वर भी नहीं था, त्राता भी नहीं था, जो उसकी इस विपत्ति में सहायता करता। जहाँ कहीं बौद्धों के पास राजशक्ति थी, वहाँ राजशक्ति से उनको दबाना चाहा। परंतु स्वतंत्र आत्मा की आवाज़ को कोई भी दानवी शक्ति नहीं बंद कर सकती। छल-प्रपंच निर्भीकता का गला नहीं घोंट सकते। कुमारिल सब आपत्तियों से पार हो गए। उल्टे अपने आत्मविश्वास, आत्मश्रद्धा और अकाट्य तर्कों के आधार पर राजा के सामने ही बौद्धों को परास्त किया। तर्क के सहारे पाँव न टिकते देख बौद्धों ने इंद्रजाल और हाथ की सफाई का आश्रय लिया। उसमें भी जब उनको आड़े हाथों लिया तो वे भीगी बिल्ली बनकर बैठ गए। काँटे को काँटे से निकालना होता है, अतः कुमारिल ने भी बौद्धों को परास्त करने के लिए स्थान-स्थान पर चमत्कार आदि का प्रदर्शन करके अपना पलड़ा भारी रखा।

उदंक को कुमारिल की विजय-गाथा सुनकर मन-ही-मन प्रसन्नता हो रही थी।

''किंतु उदंक! यह सब करते हुए उनकी आत्मा उनको सदैव कुरेदती

रहती थी कि उन्होंने छद्‌मवेश धारण करके गुरु के यहाँ शिक्षा पाई, यह उन्होंने पाप किया।''

''इसमें क्या पाप हुआ, आचार्य!'' उदंक बीच में ही बोल उठा।

''सच में तो कोई पाप नहीं हुआ, उदंक!'' आचार्य ने कहा, परंतु कुमारिल कर्मकांडी थे। वे भूल गए कि ध्येय की भलाई-बुराई से साधन की भलाई-बुराई का निर्णय होता है, साधन की कोई स्वतंत्र सत्ता नहीं है। अत: उन्होंने प्रायश्चित्त करने का निश्चय किया और इसी प्रयाग की तपोभूमि में तुषानल में प्रवेश करके अपने शरीर को भस्म कर दिया। वे बहुत कुछ कर गए, परंतु और भी बहुत कर सकते थे।

आचार्य और उदंक दोनों ही तनिक उदास हो गए। कुछ देर बाद उदंक बोला, ''अब शेष कार्य हम पूरा करेंगे, आचार्य!''

आचार्य ने सहमति-सूचक सिर हिलाया। कुछ देर शांत रहे और फिर बोले, ''कुमारिल का शिष्य मंडन मिश्र मिथिला में रहता है। वह बड़ा विद्वान् है। यदि उसका सहयोग प्राप्त होगा तो पूर्व मीमांसावादी सब लोगों का सहयोग प्राप्त हो जाएगा। वही आजकल उनका मुखिया है। अब यहाँ से मिथिला चलना होगा।''

□

मंडन मिश्र से शास्त्रार्थ

आचार्य शंकर पूर्व की ओर चलकर मगध पहुँचे। मगध पुराने दिनों की याद दिला रहा था। पाटलिपुत्र के खँडहर मौर्य सम्राट् चंद्रगुप्त और अशोक का गुणगान कर रहे थे। गुप्तकाल का वैभव अभी भी इधर-उधर बिखरा पड़ा था। प्रयाग में जो सम्राट् समुद्रगुप्त का शौर्यस्तंभ रूप में सीना ताने खड़ा था, उसी की कोमल एवं संवेदनापूर्ण अंत:करण की झलक मगध में दिखाई देती थी। धर्मद्रोहियों तथा राष्ट्र के शत्रुओं को जिस कर ने कठोरता एवं क्रूरतापूर्वक दमन किया, उसी कर से झंकृत वीणा से जो स्वर माधुरी निकली, वह हिंदू हृदय की सहज प्रवृत्ति की अभिव्यंजना करती हुई आज तक मगध के कानों में गूँज रही थी। इसीलिए तो भवभूति के मुख से निकल पड़ा, 'वज्रादपि कठोराणि मृदूनि कुसुमादपि।' मगध इस उक्ति की साक्षात् प्रतिमा ही था।

शंकराचार्य मंडन मिश्र से मिलने के लिए अकेले ही गए थे, अपने शिष्यों का दल उन्होंने पीछे ही छोड़ दिया था। शिष्य समूह के भारी जमघट का कोई मंडन मिश्र पर प्रभाव थोड़े ही होने वाला था। आचार्य ने नगर में पहुँचकर मंडन मिश्र के घर का पता कुएँ पर पानी भरने वाली एक दासी से पूछा। दासी ने निम्न श्लोकों में उत्तर दिया—

स्वत: प्रमाणं परत: प्रमाणं
कीराङ्गना यत्र गिरं गिरन्ति।
द्वारस्थनीडान्तरसन्निरुद्धा
जानीहि तन्मण्डनपण्डितौक: ॥ 1 ॥

फलप्रदं कर्म फलप्रदोऽजः
कीराङ्गना यत्र गिरं गिरन्ति।
द्वारस्थनीडान्तरसन्निरुद्धा
जानीहि तन्मण्डनपण्डितौकः ॥ 2 ॥

जगद्ध्रुवं स्याज्जगदध्रुवं स्यात्
कीराङ्गना यत्र गिरं गिरन्ति।
द्वारस्थनीडान्तरसन्निरुद्धा
जानीहि तन्मण्डनपण्डितौकः ॥ 3 ॥[4]

जिसके द्वार के पंजरस्थ तोता और मैना इस प्रकार संस्कृत में चर्चा करते हों, वहाँ अवश्य ही दिन भर तत्त्वचर्चा ही होती रहती होगी, जिसके कारण पक्षी भी उन शब्दों तथा वाक्य समूहों का वैसा ही उच्चारण करने लग गए थे—कितना उद्‌भट विद्वान् था, मंडन मिश्र! दासी के मुख से इस उत्तर को सुनकर उनके आनंद का ठिकाना न रहा। वे सोचने लगे कि जिसके दास-दासी, तोता-मैना तक देववाणी संस्कृत में बातचीत करते हों, उस प्रकांड पंडित का सहयोग प्राचीन परंपरा, देववाणी तथा वैदिक धर्म का पुनरुद्धार करने में कितना उपयोगी होगा। ऐसे महापुरुष से मिलने के लिए वे आतुर हो उठे। वे अपना हृदय खोलकर उसके सम्मुख रख देना चाहते थे तथा उनको विश्वास था कि उनके मन की व्यथा तथा धर्म की भावनाएँ देखकर मंडन मिश्र उनका हुए बिना नहीं रहेंगे। वे एक क्षण भी नहीं रुके और उस दासी के साथ सीधे मंडन मिश्र के घर पहुँच गए।

अपने आगमन की सूचना देने और मिलने के लिए रुकने के शिष्टाचार में समय खोने लायक धीरज उनमें न रहा। वे तो धड़धड़ाते हुए अंदर पहुँच गए, मानो अपने ही घर में हों। वे तो किसी भी हिंदू के घर को दूसरे का घर नहीं समझते थे। फिर मंडन मिश्र तो उनके समान ही वैदिक धर्म के प्रेमी थे, उनके घर को कैसे अपना नहीं समझते! मंडन मिश्र उस समय श्राद्ध कर्म कर रहे थे। श्राद्ध के समय किसी भी संन्यासी की उपस्थिति वर्ज्य है। अतः इस

4. (1) जिसके द्वार पर पिंजरे में बैठे तोता और मैना यह चर्चा करते हों कि वेद स्वयं प्रमाण है अथवा वेदों को दूसरों का प्रमाण चाहिए; (2) कर्मफल देने वाले होते हैं अथवा फल के दोष क्या हैं; (3) संसार नित्य है या अनित्य, उसी को आप मंडन मिश्र का घर समझिए।

नवागंतुक एवं अपरिचित संन्यासी को बिना पूछे-ताछे ही अंदर आया देखकर उनकी त्योरियाँ चढ़ गईं। उन्हें क्या मालूम था कि उनके युग का सबसे महान् व्यक्ति उनके सामने खड़ा है। उनको क्रुद्ध देखकर स्वामी शंकर ने शांत एवं मृदुल शब्दों में कहा, "क्षमा कीजिए मिश्र! एक ही मार्ग के यात्रियों का एक-दूसरे पर क्रोध कैसा?"

"कैसा एक मार्ग संन्यासी?" मंडन मिश्र ने न समझने के कारण कुछ खीजते हुए घृणा मिश्रित स्वर में कहा, "एक तो बिना पूछे गृह में प्रवेश किया और ऊपर से यह पहेली बुझौवल?"

"पहेली नहीं है मंडनाचार्य! दिन के प्रकाश के समान स्पष्ट है कि हम दोनों एक ही वैदिक धर्म के पुनरुद्धार का प्रयत्न करने वाले एक ही मार्ग के अनुयायी हैं।" शंकराचार्य ने दृढतापूर्वक कहा।

वैदिक धर्म का नाम सुनकर मंडन मिश्र का क्रोध तनिक शांत हुआ। फिर भी शंकराचार्य का व्यवहार उनकी समझ में नहीं आ रहा था। इसीलिए वे बोले, "वैदिक धर्म की बातें तो ख़ूब करते हो किंतु व्यवहार तो बौद्धों जैसा ही है। वैदिक धर्म में संन्यास कहाँ है? और फिर संन्यासी की श्राद्ध कर्म में उपस्थिति घोर वेद विरोधी कृत्य है यति!"

"यही सब बातें तो करने आपके पास आया हूँ द्विजश्रेष्ठ! और…" इतने में उपस्थित ब्राह्मणों में से एक ने उठकर शंकराचार्य को प्रणाम किया और मंडन मिश्र से बोला, "भगवान् को धन्यवाद दीजिए मिश्र! आपके सम्मुख स्वामी शंकराचार्य खड़े हैं।"

स्वामी शंकराचार्य का नाम सुनकर मंडन मिश्र सकपका गए। अपने व्यवहार पर उनको लज्जा आने लगी। "क्षमा कीजिए आचार्य!" वे बोले, "अपने-अपने सिद्धांत हैं, आपका मार्ग हमें मान्य नहीं है।"

स्वामी शंकराचार्य ने देखा कि मंडन मिश्र इस समय श्राद्धकर्म में लगे हुए हैं, देश और धर्म के संबंध में बातचीत करने योग्य चित्तवृत्ति नहीं है। अतः शांत स्वर में बोले, "आप श्राद्धकर्म से निवृत्त हो लीजिए। फिर दोनों मिलकर विचार करेंगे कि कैसे आज की स्थिति में देश और धर्म का कार्य किया जा सकता है।" यह कहकर वे बाहर चले गए।

मंडन मिश्र ने यथाविधि श्राद्ध किया और ब्राह्मणों को भोजन कराया,

दक्षिणा दी और विदा किया। स्वामी शंकराचार्य के निवास-भोजन आदि का प्रबंध किया। उनके शिष्य भी तब तक वहाँ आ पहुँचे। महिती के निवासियों में भी आचार्य के आगमन की वार्त्ता फैल चुकी थी। उनके झुंड आचार्य के दर्शन को आने लगे।

तीसरे पहर मंडन मिश्र और स्वामी शंकराचार्य आपस में शास्त्रार्थ करने बैठे। यह शास्त्रार्थ क्या था, देश के दो विद्वान्, दो देशभक्त अपने राष्ट्र की समस्याओं का हल ढूँढ़ने के लिए बैठे थे, मन में सदिच्छा और सद्भावना लेकर। एक-दूसरे को हराने की इच्छा नहीं थी, अपने मत पर डटे रहने का दुराग्रह नहीं था; विपक्षी को नीचा दिखाने के लिए सबकुछ करने की तैयारी नहीं थी। वहाँ तो थी एक-दूसरे को समझने की उत्कंठा, सत्य की खोज करने की जिज्ञासा और उस सत्य मार्ग पर चलने की अभिलाषा। मंडन मिश्र की पत्नी भारती ने, जो स्वयं विदुषी थी, मध्यस्थ का आसन ग्रहण किया। उस समय ऐसा प्रतीत होता था मानो महिष्मती ही तीर्थराज प्रयाग बना हुआ था। एक ओर तो भगवान् शंकर की जटाओं से स्रवित गंगा की भाँति शंकराचार्य के मुख से शुद्ध ज्ञानमार्ग की धवल गंगा-धारा का प्रवाह था तो दूसरी ओर तमाम तरु-पुंज तमाच्छन्न तरणि-तनुजा के समान प्राची के सूर्य, यज्ञयागादि के पुरस्कर्ता, प्रकांड पंडित तथा प्रचंड कर्मकांडी मंडन मिश्र की धूमिल वाणी की नील यमुना-धारा प्रवाहित होती थी। इन दोनों के बीच में सरस्वती का अवतार भारती तो उपस्थित थी ही। इस तीर्थराज प्रयाग के त्रिवेणी-संगम पर स्नान करके अपने चित्त को निर्मल करने के लिए अनेक नर-नारी उपस्थित थे। यह प्रवाह कई दिनों तक चलता रहा, पर यहाँ तो सारांश से ही संतोष करना होगा।

पहले स्वामी शंकराचार्य ने ही कहा, "मिश्र प्रवर! आज की देश की दशा आपसे छिपी नहीं है। यह बात सत्य है कि भट्ट पादाचार्य कुमारिल ने अपना जीवन-सर्वस्व इस धर्म की सेवा में लगा दिया; जीवन का एक-एक क्षण वैदिक धर्म की पुनः स्थापना और वेद विरुद्ध धर्मों के खंडन में ही बिताया। उसमें उन्हें सफलता भी मिली; किंतु आज भी तो बौद्ध धर्म उत्तर-पश्चिम प्रांतों में विद्यमान है तथा इस राष्ट्र के लिए आपत्तियों का कारण बना हुआ है। आओ, हम दोनों मिलकर इन राष्ट्र विरोधियों को समाप्त करें;

संपूर्ण भारतवर्ष में हिंदू धर्म का प्रचार करें तथा भट्‌टपाद के अधूरे कार्य को पूरा करें, उनकी आत्मा को शांति दें।''

''ठीक है शंकराचार्य!'' मंडन मिश्र बोले, ''वेद विरोधी धर्म का तो नाश होना ही चाहिए तथा वैदिक धर्म की स्थापना भी होनी चाहिए। यह तो मैं भी चाहता हूँ; किंतु केवल प्रतिक्रियात्मक आधार पर तो हम एक साथ नहीं आ सकते। आप जिस धर्म का प्रचार कर रहे हैं, वह तो वैदिक धर्म नहीं है। जब घर-घर में होने वाले हवन और अग्निहोत्र से अरुण आकाश धूमिल हो जाएगा, वेद मंत्रों की स्वर लहरी वायुमंडल को पवित्र कर देगी, तब कहीं होगा वैदिक धर्म का प्रचार। आपके पंचायतन के देवताओं का और आपके वेदांत का उसमें स्थान कहाँ है, आचार्य?''

शंकराचार्य ने यह आलोचना सुनी और शांत भाव से बोले, ''मैं वैदिक युग के स्वप्न देख सकता हूँ। वेदपाठी तथा कर्मकांडी ऋषि-मुनियों का ही रक्त मेरी नसों में प्रवाहित होता है। सच में वे दिन भी कितने सुंदर रहे होंगे, जब सारे देश में यज्ञयागादि की भरमार थी, सब ही मार्ग पर चलने वाले तथा एक ही देवताओं के प्रीत्यर्थ यज्ञ-हवन करने वाले थे। परंतु मंडनाचार्य! यज्ञ, हवन, संध्या, उपासना आदि सब मन को शुद्ध करने के, क्षुद्र भावनाओं को निकालकर मन में उच्च भावनाएँ भरने के साधन मात्र हैं, वे साध्य तो नहीं हैं। साधन जीवन नहीं है, ध्येय ही जीवन है।''

''तब आप क्या समझते हैं कि यज्ञयागादि का प्रचार किए बिना आर्यों की प्राचीन प्रथाओं का पुनः पालन किए बिना ही धर्म का उद्धार हो जाएगा?'' मंडन मिश्र ने पूछा।

''क्यों नहीं हो जाएगा!'' शंकर स्वामी ने कहा, ''साधन तो देश कालानुसार बदला करते हैं। किसी देश और काल में गेहूँ खाकर शरीर स्वस्थ रहता है, तो किसी में चावल खाकर, ग्रीष्म ऋतु में शीत-वस्तुओं के उपयोग की आवश्यकता होती है, तो शीत में उष्णता-प्रधान वस्तुओं की। यदि वैदिक धर्म की आत्मा जीवित रही, वह जयिष्णु और सहिष्णु मनोवृत्ति का सुंदर समन्वय बना रहा, यदि प्राचीन परंपरा से संबंध बना रहा तो वैदिक धर्म भी बना रहेगा। बाह्य बातों के होते भी यदि आत्मा नष्ट हो गई तो वैदिक धर्म भी नष्ट हो जाएगा।''

"तो क्या वे पुराने दिन लौटकर नहीं आ सकते?" मंडन ने दुखित सा होकर पूछा।

"गया हुआ समय लौटकर नहीं आता, मिश्र! गंगा की धारा को कितना भी प्रयत्न करें, एक बार मैदान में आने पर लौटाकर पहाड़ पर नहीं ले जा सकते। राष्ट्र आगे बढ़ चुका है। पिछले एक हज़ार वर्ष में इसके ऊपर कितने ही संस्कार हुए हैं। अपने अस्तित्व की रक्षा करने के लिए इसने अनेक प्रकार के प्रयत्न किए हैं, अपनी सुप्त शक्तियों को जगाकर अनेक दिशाओं में लगाया है और वहाँ पर किया हुआ पुरुषार्थ इसकी अपनी संपत्ति बन गई है; राष्ट्र की स्फूर्ति का केंद्र बन गई है, उसको छोड़ा नहीं जा सकता है। अपनी शक्तियों के विनियोग की दिशा कई बार हमारे अनुसार नहीं, शत्रुओं के अनुसार निर्णीत हुई है। उन्होंने जिस दिशा से आक्रमण किया, हमने उसी दिशा में प्रतिकार किया। वे जिस दिशा में दुर्बल दिखे, हमने उसी दिशा में प्रत्याक्रमण किया। नदी का मार्ग नदी की इच्छा पर नहीं, धरातल की समतलता पर निर्भर है। हाँ! उसका एक ध्येय, उसके जीवन की प्रवृत्ति उसका धर्म समुद्र से मिलना है, उसे कोई रोक नहीं सकता। यदि किसी ने रोकने का प्रयत्न भी किया, तो उस दुर्मूढ़ को नष्ट होना पड़ेगा। हमारे राष्ट्रीय जीवन का भागीरथी प्रवाह भी पिछली सहस्राब्दी में वैदिक जीवन के हिमालय से नीचे उतरकर पौराणिक जीवन के मध्य देश की समतल भूमि पर इधर-उधर चक्कर लगाता हुआ समुद्र की ओर आगे बढ़ा है। आज गंगा की गड़गड़ाहट न सुनाई दे, तो दुःख मनाने का कारण नहीं है, शांत कल-कल ध्वनि भी गंगा की ही है। पिछले हज़ार वर्ष में अपने बदले स्वरूप के कारण हमको भय खाने का कोई कारण नहीं है। शिशु की सुकुमारता का स्थान यदि युवक की बलिष्ठ कठोरता ने ले लिया हो, तो न तो बालकपन की कोमलता के लिए रोने का कारण है और न बाह्योपकरणों से उसे उत्पन्न करने की आवश्यकता है। हज़ार वर्षों में हमने जिन प्रवृत्तियों का विकास किया है, वे न तो नष्ट की जा सकती हैं और न उनको नष्ट करने की आवश्यकता ही है। जिन मानचिह्नों का हमने विकास किया; जिनकी रक्षा करने के निमित्त हमारे राष्ट्र के वीरों ने अपने प्राणों की बाजी लगाई, क्या उन मानचिह्नों को आज हम नष्ट हो जाने देंगे?"

मंडन मिश्र इस आवेशपूर्ण वक्तव्य को सुनकर जरा सँभलकर बैठ गए और बोले, "किसी भी भ्रमपूर्ण आदर्श को लेकर उसके लिए त्याग करना और त्याग की दुहाई देकर उस भ्रम से चिपके रहना कहाँ तक युक्तिसंगत है, आचार्य? आदर्श के लिए किया हुआ त्याग उसको सत्य नहीं बनाता। आदर्श तो स्वतः सत्य होता है। भ्रष्ट मार्ग पर चलने में जो परिश्रम हुए हैं, उसी के कारण हेय मार्ग श्रेय नहीं हो सकता और न विद्वान् के लिए वह प्रेय ही होना चाहिए।" मंडन मिश्र का स्वर अंत में उत्तेजित हो उठा।

"आप सत्य कहते हैं, मिश्रप्रवर!" आचार्य शंकर ने शांतिपूर्वक कहा, "त्याग, आत्माहुति और बलिदान का तो तभी मूल्य है, जब वे किसी सत्य आदर्श की प्राप्ति के लिए किए गए हों। अन्यथा वे हमारी भयंकर भ्रांति को और भी भयंकर बना देते हैं। हुतात्मा के प्रखर प्रकाश से जन-साधारण की आँखें चौंधिया सकती हैं, जिसके कारण वह प्रकाशित वस्तु के स्वरूप का ठीक-ठीक निर्णय न कर पाए, किंतु जो विचारवान हैं, सूक्ष्मदर्शी हैं, वे तो इस प्रकाश में आदर्श के सत्यासत्य का और भी स्पष्ट रूप से ज्ञान कर सकते हैं। आपने विचारी पुरुष की भाँति इस त्याग के आवरण को हटाकर आदर्श की परीक्षा करने का विचार ठीक ही किया है।"

आचार्य शंकर को अपनी बात मानते हुए देखकर मंडन मिश्र मन-ही-मन मुदित थे तथा अपने विषय का आगे प्रतिपादन करने की इच्छा से बोले, "ठीक है आचार्य! हमको सत्यादर्श की प्रतिष्ठापना का ही प्रयत्न करना चाहिए और वह तो आर्य पूर्वजों का वेद-विहित कर्मकांड का ही मार्ग हो सकता है। आइए, हम उसी में जुट जाएँ।"

"हाँ, मिश्रवर!" आचार्य शंकर ने कहा, "आर्यों के वैदिक मार्ग का ही हम अनुसरण करेंगे। उपनिषदों की ज्ञान-गंगा की धवलधारा का आदि स्रोत, अनंत रत्नों के भंडार, पृथ्वी के मानदंड शैलराज हिमवंत के समान अमित ज्ञान के आगार, ज्ञानलोक के मानदंड अपौरुषेय वेदों ही में हैं। गगनचुंबी गिरिराज की उपत्यकाओं में तपस्या करते हुए, उसके शैलश्रृंगों के साथ ऊँचा उठते-उठते ज्ञानाकाश को चूमकर जिन वेदांत सूत्रों की रचना की गई, क्या वे वेद विरुद्ध हैं? क्या वे महर्षि बादरायण आर्यपथ के पथिक नहीं थे? व्यामोहोद्‌भूत अर्जुन की अकर्मण्यता को नष्ट करके उसमें पुनः पुरुषार्थ का

प्रकर्ष करने वाली श्रीमद्भगवद्गीता क्या वेदविहित नहीं है? ज्ञान, कर्म और भक्ति की इस त्रिवेणी संगम पर अवगाहन करके किसके पाप नहीं धुल जाएँगे। गत सहस्राब्दी में जिस धर्म का विकास किया है, वह वैदिक धर्म ही है, जिस आदर्श पर चले हैं, वह वैदिक आदर्श ही है, मंडनाचार्य।''

''यह तो सब सत्य है आचार्य! किंतु बौद्धों की तरह यज्ञ-हवन छोड़कर जो पूजा- अर्चा चलाई है, वह क्या वैदिक पद्धति है?'' मंडन मिश्र ने कुछ-कुछ मानते हुए कहा।

आचार्य शंकर ने उत्तर दिया, ''यह पद्धति बौद्धों की नहीं है, मंडनाचार्य! और न बौद्धों के कारण यज्ञ-हवन हमने छोड़े हैं, यज्ञ-हवन आदि बाह्य कर्मकांड के साथ-साथ अंतरात्मा के साक्षात्कार की प्रवृत्ति हमको बौद्धों से पहले भी अपने जीवन में दिखाई देती है। यदि बौद्ध धर्म का उदय नहीं हुआ होता तो भी हम इन सब पद्धतियों का विकास करते। बाह्य यज्ञ के स्थान पर आत्मयज्ञ का उत्तम आदर्श तो उपनिषद् और ब्राह्मण स्वयं रख गए हैं। भक्ति की प्रेरणा सनातन प्रेरणा है और उसी का विकसित रूप आज हमको जनसाधारण की पूजा आदि की पद्धति में मिल रहा है। हाँ, उसको स्वरूप देना तथा उसमें काट-छाँट करना हमारा काम है। वह वैदिक पद्धति ही है। घर-घर में होने वाली शिव की पूजा के पीछे क्या आपको वैदिक रुद्र की स्तुति नहीं सुनाई देती?

भागवतधर्मी वासुदेव के पुजारी भी तो विष्णु की ही आराधना करते हैं। पुराणों और उप-पुराणों में भी तो वैदिक ऋषियों की महिमा गाई गई है। जिन राजाओं के गौरव-गान से हमारे सुतों ने गगन-मंडल को गुँजाया, वे वैदिक धर्मावलंबी ही तो थे। क्या इस सहस्राब्दी में भारत के जनसमुदाय को पूर्व परंपरा से संबद्ध नहीं रखा? उसके मन में अपने पूर्वजों के प्रति श्रद्धा नहीं उत्पन्न की है। इस परंपरा को तोड़ने की आवश्यकता नहीं है। यह भारतीय मस्तिष्क का विकास है, आसिंधु-सिंधुपर्यंत भारतभूमि की कोटि-कोटि संतानों को माता का दिया हुआ स्तन्य है तथा उससे परिपुष्ट सत्पुत्रों की माता की उपासना विधि है, आराधना है, इसी सहस्राब्दी में विकसित राष्ट्र के अंतःकरण-चतुष्टय की भाँति अपने चारों धाम की कल्पना क्या छोड़ी जा सकती है? हम उसको नहीं छोड़ सकते। जनसाधारण उसको नहीं छोड़ेगा,

क्योंकि उसमें वह मातृभूमि का स्वरूप देखता है।

प्रजापति दक्ष के यज्ञ में स्वाभिमान की रक्षा करने के निमित्त आत्माहुति देने वाली सती के शव के अंग-अंग आज संपूर्ण भारत में यत्र-तत्र बिखरे पड़े हैं। शाक्तों के उन तीर्थ स्थानों पर आज भी, जिनकी आँखें हैं, वे दक्ष प्रजापति के यज्ञ की उठती हुई ज्वाला देख सकते हैं। उन ज्वालाओं से प्रकट माता की मूर्ति के सम्मुख किसका मस्तक नहीं झुक जाएगा। बौद्ध धर्म की अराष्ट्रीय प्रवृत्तियों को इन्हीं राष्ट्रीय कल्पनाओं ने रोका है, मंडनाचार्य! इनको छोड़कर राष्ट्र का कल्याण कैसे हो सकेगा?" स्वामी शंकराचार्य रुके। मंडन मिश्र मुग्ध मन से सुन रहे थे। आचार्य ने फिर कहना प्रारंभ किया, "यदि हमारा यह विकास परकीयों के अनुकरण स्वरूप होता, हमारी आत्मनिर्भरता, आत्माभिमान और आत्मविश्वास को नष्ट करने वाला होता, हमारे अंदर आत्मगौरव को प्रज्वलित न करता, प्राचीन परंपरा को छिन्न-विच्छिन्न करता तथा अराष्ट्रीय प्रवृत्तियों का जनक होता तो हम इसको समूल उखाड़ फेंकते, इसका तनिक भी मोह न करते, किंतु यह तो अपने पूर्वजों की परंपरा को ही पुष्ट करने वाला है, पूर्वजों के द्वारा वपन किए हुए बीज ने ही वृक्ष का रूप धारण किया है। बीज के पुराने स्वरूप को नष्ट हुआ देखकर शोक मनाने का कारण नहीं है, उसके परिवर्तित रूप को, विकसित रूप को पहचानें। वृक्ष में बीज़ को देखें। वृक्ष को ही पानी देने से पुनः फल और बीज मिलेंगे, काटने से अथवा जड़ खोदने से अब बीज नहीं मिल सकता। आज का हिंदू धर्म अपने प्राचीन आर्यधर्म का ही विकसित स्वरूप है। आओ, इसे बढ़ाएँ। संपूर्ण भारत में अद्वैत का प्रचार करें। भारती संतति को एक सूत्र में ग्रथित करें।"

"तो क्या यज्ञ-हवन बिल्कुल ही नष्ट हो जाएँगे आचार्य?" मंडन मिश्र ने कुछ खिन्न होते हुए पूछा। आचार्य शंकर की वाणी ने उनको जीत लिया था, किंतु मन पर पड़े हुए संस्कार ज़ोर मार रहे थे।

"नष्ट क्यों हो जाएँगे, मिश्र? यज्ञ का हमारे जीवन में स्थान है, वह महत्त्व का है, अतः उसको बनाए रखना ही होगा। हमारा संपूर्ण जीवन ही यज्ञमय होगा। आधिभौतिक शक्ति को जब आधिदैविक भावना का पुट दिया जाता है, तभी आध्यात्मिक दृष्टि उत्पन्न होती है। यही यज्ञ है। हमारे पास जो

कुछ है, हम जो कुछ करते हैं, वह अपने जीवन के उपभोग के लिए नहीं किंतु मानव आदर्शों की प्राप्ति के लिए करते हैं। यही तो यज्ञीय भावना है। संसार में जो कुछ सत्य है, शिव है, वह सब भगवान् का ही आविष्कार है, जीवन की क्रियाओं को उसको समर्पित करना ही यज्ञ है, मिश्र प्रवर!'' आचार्य ने कहा।

''ठीक है आचार्य?'' मंडन मिश्र सँभलते हुए बोले, ''किंतु सिद्धांत का कोई व्यावहारिक स्वरूप भी होता है। आदर्श को प्राप्त करने के लिए साधन भी चाहिए; जीवन में इस प्रकार की यज्ञमयी दृष्टि बनाने के लिए उपयुक्त संस्कारों की भी आवश्यकता है। बिना इनके हम उसके उद्दिष्ट में सफल कैसे होंगे?''

''सत्य कहा मिश्र प्रवर?'' शंकराचार्य ने कहा, ''हम साधनरूप संस्कारों को नहीं छोड़ेंगे। हमारे यज्ञ-हवन आदि इसी रूप में बने रहेंगे। प्रत्येक पंच-यज्ञ करेगा, हमारे संपूर्ण धर्म कृत्यों में यज्ञ, हवन आवश्यक होंगे, जीवन के संपूर्ण संस्कार विधिवत् हवन यज्ञ द्वारा ही होंगे। इनका शुद्ध और सात्त्विक स्वरूप हमारा है, वह हमारा रहेगा। किंतु हम दुराग्रही नहीं हैं, मिश्र? यदि अन्य साधनों से भी उपर्युक्त भावना निर्माण हो सकती हो तो हमें क्यों आपत्ति होनी चाहिए?''

मंडन मिश्र कैसे आपत्ति करते?

उनकी तूणीर में अब तर्क के तीर समाप्त हो चुके थे। शंकर स्वामी की सरस्वती में स्नान करके वे अपनी समस्त शंका-कुशंकाओं का समाधान कर चुके थे। परंतु उनकी महर्षि जैमिनि पर बड़ी श्रद्धा थी। उनका हृदय रुक-रुककर उन्हें पीछे खींच रहा था। अंत में उन्होंने कह ही तो डाला, ''आचार्य, आप कहते तो ठीक हैं। आपकी सब बातें मुझे मान्य हैं। किंतु महर्षि जैमिनि सरीखे विद्वान् क्या ये सब बातें नहीं सोच सकते थे? उनके मन में क्या देश और धर्म का प्रेम नहीं था?''

यह तर्क बड़ा टेढ़ा था। महर्षि की विद्वत्ता और देश-प्रेम में शंका नहीं की जा सकती थी और प्रत्यक्ष रूप से तो उनसे भिन्न मार्ग का अवलंबन करना ही पड़ रहा था। किंतु शंकराचार्य का शास्त्रों का ज्ञान कोई कम थोड़े

ही था। उन्होंने महर्षि जैमिनि के ही वाक्यों को उद्धृत करके अपने मत का प्रतिपादन किया। किंवदंती तो यह है कि स्वयं महर्षि जैमिनि ने प्रकट होकर शंकराचार्य के मत की पुष्टि की। अब मंडन मिश्र ने अपने को आचार्य के चरणों में अवनत पाया और आचार्य ने भी आनंदाश्रु बहाते हुए उन्हें अपनाया। राष्ट्र की संवेदना से उनका हृदय तो पहले ही पूर्ण था, अब उनको निश्चित मार्ग भी मिल गया। वे शंकर के समान ही संन्यास धारण करके साथ चलने को तैयार हो गए।

शंकर स्वामी के विजय की चर्चा दूर-दूर फैल गई। बात की बात में लोग उनके मत में दीक्षित होने को तैयार हो गए, क्योंकि उन्होंने मंडनाचार्य जैसे उद्भट विद्वान् को अपना शिष्य बना लिया था। किंतु अभी तो शंकराचार्य को और लोहा लेना था।

□

भारती का समाधान

भारती ने अपने सामने अपने पति की पराजय देखी तथा प्रतिज्ञा के अनुसार उनको संन्यासी होते हुए देखा। उसके पति अवश्य हार गए थे किंतु स्वयं उसका अभी समाधान नहीं हो रहा था। पति और पत्नी के विचारों में अंतर हो तथा पति अपने विचारों के कारण संन्यास ले ले और पत्नी गृहस्थ धर्म का पालन करे, यह उसकी कुछ समझ में नहीं आ रहा था। अतः उसने भी स्वामी शंकराचार्य के साथ शास्त्रार्थ करने का निश्चय किया। वह बोली, ''आचार्य, आपने मेरे पति का तो मुँह बंद कर दिया है किंतु अभी आपने उनको पूर्णतया नहीं जीता है। पत्नी पति की अर्धांगिनी होती है, जब तक आप मेरे साथ शास्त्रार्थ करके मुझे परास्त नहीं कर देते, तब तक तो उनका आधा भाग अविजित होने के कारण वे प्रतिज्ञानुसार संन्यासी नहीं हो सकते।''

भारती की यह ललकार सुनकर आचार्य भी कुछ सोच में पड़ गए। कुछ देर बाद उन्होंने कहा, ''यह तो ठीक है भारती। किंतु तुम्हारे साथ शास्त्रार्थ कैसे हो सकेगा? तुम तो स्त्री हो?''

यह सुनते ही भारती को एकदम आवेश आ गया। मानो उसका स्त्रीत्व का अभिमान जाग उठा था, किंतु अपने आवेश को दबाकर शांति के साथ कहा, ''स्त्री हूँ तो क्या हुआ आचार्य? स्त्री के क्या विचार नहीं होते? उसके मन में शंका-कुशंकाओं की आँधी नहीं उठ सकती? उसके पास भी मस्तिष्क है, हृदय है और फिर वह भी तो राष्ट्र का अंग है। उसका भी राष्ट्र के प्रति दायित्व है और उस दायित्व को निभाने का उसको भी अधिकार है।''

''यह तो मैं मानता हूँ देवि!'' आचार्य ने कहा, ''किंतु कुछ प्रचलित

पद्धति का भी तो ध्यान रखना होगा?''

''आप प्रचलित पद्धति की दुहाई दें, यह तो बड़े आश्चर्य की बात है, आचार्य!'' भारती ने व्यंग्यात्मक स्वर में कहा। आगे फिर शांति के साथ बोली, ''और आचार्य, स्त्रियों के साथ क्या शास्त्रार्थ नहीं हुए हैं? गार्गी और याज्ञवल्क्य का संवाद आपको ज्ञात नहीं है? गार्गी क्या पुरुष थी? और उसका शास्त्रार्थ भी किसी साधारण विषय पर नहीं किंतु आत्म के संबंध में हुआ था। जनक और सुलभा का शास्त्रार्थ तो प्रसिद्ध ही है। सुलभा भी कोई पुरुष नहीं थी। जनक और याज्ञवल्कय भी साधारण मनुष्य नहीं थे, किंतु अत्यंत प्रसिद्ध महात्मा थे। यदि ये महात्मा-गण स्त्रियों से विवाद कर सकते हैं तो आप मुझसे क्यों नहीं कर सकते?''

सरस्वती ने युक्ति और उदाहरणों से अपने पक्ष का समर्थन किया था। आचार्य के पास कोई उत्तर नहीं था। अंत में उनको वाद-विवाद करने के लिए सम्मति देनी ही पड़ी।

कहते हैं कि फिर उसी प्रकार सभा लग गई। इतने बड़े आचार्य से अपने पति के परास्त होने के बाद भारती शास्त्रार्थ करने को तैयार है, यह सुनकर चारों ओर से लोग कौतूहलवश आकर इकट्ठे हो गए। लोग तरह-तरह की धारणाएँ करने लगे। कोई कहता, ''अरे भारती क्या खाकर आचार्य से शास्त्रार्थ करने चली है? जिनके आगे काशी के पंडितों की नहीं चली, इतने बड़े मंडन मिश्र मुँह की खा गए, उनसे यह स्त्री होकर जीतेगी।'' कोई कहता, ''अरे भाई, भारती तो प्रत्यक्ष सरस्वती का अवतार है। आचार्य ने पंडितों को जीता होगा किंतु सरस्वती को कहाँ जीतेंगे। आचार्य अब अवश्य ही हार जाएँगे।'' इस प्रकार लोग अपनी-अपनी बुद्धि के अनुसार तर्क करते थे।

भारती और शंकराचार्य का शास्त्रार्थ भी कई दिनों तक चला। भारती ने खोद-खोदकर तत्त्वज्ञान के एक-एक विषय को निकाला और उस पर ख़ूब चर्चा की। शंकराचार्य सहज भाव से उत्तर देते जाते थे। परंतु मन-ही-मन सोच अवश्य रहे थे कि अबकी बार पाला किसी अच्छे से पड़ा है। अपने मार्ग के संबंध में पूर्ण विश्वास और श्रद्धा होने के कारण उनको किसी भी प्रश्न का उत्तर देने में विशेष कठिनाई नहीं होती थी, जिसकी दृष्टि साफ़ है, उसको हरेक चीज साफ़ दिखाई देती है, फिर वह वस्तु अच्छी हो या बुरी हो,

कठिन हो या कोमल हो, छोटी हो या बड़ी हो। इसी प्रकार जिसको अपने ध्येय एवं मार्ग का स्पष्ट ज्ञान है, जिसके सामने अपने जीवन की कल्पनाएँ स्पष्ट हैं, वह प्रत्येक विषय का सही और स्पष्ट उत्तर दे सकता है।

भारती जब सब विषयों पर चर्चा कर चुकी और शंकराचार्य ने भली-भाँति उत्तर दे दिया तो अंत में बोली, "आपने सिद्धांत तो सब ठीक रखे हैं आचार्य; किंतु आपका माया, ब्रह्म तथा सर्वात्मैक्य का सिद्धांत संन्यासी के लिए ही सत्य हो सकता है। जो गृहस्थ है, जो संसार में रहता है, वह न तो आपके नैष्कर्म्य के सिद्धांत को मान सकता है और न वेदांत को ही अपने व्यवहार में ला सकता है। अतः मुझको इसमें अव्यावहारिकता का दोष दिखाई देता है।"

आचार्य शंकर इसका क्या उत्तर देते? उन्होंने तो बचपन से ही संन्यास ले लिया था। संन्यास लेकर भी यद्यपि वे दुनिया से दूर नहीं भागे थे और न ही अपने जीवन में अव्यावहारिकता का ही प्रदर्शन किया, किंतु दुनिया जिसको दुनिया समझती है, उसमें तो उन्होंने सचमुच प्रवेश नहीं किया था। उनके सिद्धांत संन्यासियों के लिए ही नहीं अपितु जनसाधारण के लिए भी हैं। यह तो उनका दावा था और इसी दावे को भारती उखाड़ फेंकना चाहती थी। इस सबका उत्तर शब्दों में नहीं दिया जा सकता था; यह तो व्यवहार की बात थी और इसका उत्तर कार्य करके ही दिया जा सकता था। अतः आचार्य ने छह मास का समय माँगा, जिसमें वे वेदांत को व्यवहार में दिखा सकें।

किंवदंती तो यह कहती है कि भारती से विदा होकर वे जंगल में आए तथा वहाँ अपनी आत्मा को अपने शरीर से बाहर निकालकर एक मृत राजा के शरीर में प्रवेश कराया। मृत राजा एकदम जीवित हो उठा। चारों ओर आनंद छा गया। महारानियों के दुःख के आँसू आनंदाश्रु बनकर बहने लगे। प्रजा में चारों ओर हर्ष की लहर फैल गई। शंकराचार्य राजा के शरीर के द्वारा सब प्रकार राज-कार्य करने लगे तथा संसार का अनुभव लेने लगे। अब राजा पुराना राजा नहीं था, उसके जीवन में परिवर्तन स्पष्ट दिखाई देता था। अब उसका जीवन महनीय हो गया था; राजा होते हुए भी वह सात्त्विक वृत्ति से परिपूर्ण जीवन व्यतीत करता था। राजकाज भी पहले से अधिक योग्यता से होता था। प्रजा की सुख-समृद्धि बढ़ रही थी। राजा के मंत्रियों ने जब यह

परिवर्तन देखा तो उनको विश्वास हो गया कि अवश्य ही किसी महात्मा ने राजा के मृत देह में प्रवेश किया है। महात्मा की आत्मा फिर लौटकर अपने पूर्व शरीर में न जा सके, इसके लिए उन्होंने चारों ओर आदमी दौड़ाकर जहाँ भी कोई शव मिले, उसे जलाने की आज्ञा दे दी। राजपुरुष दौड़-धूप करके शव की खोज करने लगे।

स्वामी शंकराचार्य के शिष्य छह महीने तक उनके लौटने की बाट देखते रहे तथा उनके शव की रक्षा करते रहे। अब इतने दिन होने पर भी शंकराचार्य न लौटे तो उनको चिंता हुई तथा सोचने लगे कि अवश्य ही आचार्य राज्य के मोह में फँस गए हैं। अतः उनमें से दो शिष्य ढूँढ़ते-ढूँढ़ते उस राज्य में पहुँचे तथा लुक-छिपकर राजमहल में भी पहुँच गए। यहाँ राज-परिवार से परिवृत्त राजा बैठा हुआ, सब प्रकार के सुखों में मग्न और राज कार्य में लीन था। एक शिष्य ने एक श्लोक बनाकर सुनाया, जिसके द्वारा आचार्य को अपने कार्य तथा वास्तविक जीवन की याद दिलाई। बाक़ी लोग कुछ समझ नहीं पाए किंतु आचार्य की पूर्व स्मृति एकदम जाग उठी। उन्होंने प्राणायाम खींचा और दूसरे क्षण हँसता-खेलता राजा मृत्यु की गोद में लेट गया। चारों ओर फिर हाहाकार मच गया।

उधर राजपुरुष शव की खोज में ढूँढ़ते-ढूँढ़ते शंकराचार्य के शव को पा गए थे। उन्होंने उसको जलाने के लिए चिता तैयार की तथा चिता पर शव को रखा। शिष्यगण हाहाकार कर उठे। इतने ही में शंकराचार्य एकदम आँख मलकर ओऽम् का उच्चारण करते हुए उठ बैठे। राजपुरुष डरकर भाग गए तथा शिष्यगण आनंद मनाने लगे।

परकाया प्रवेश के द्वारा सब प्रकार का अनुभव प्राप्त करके आचार्य लौटकर महिष्मती आए। भारती को अपने वेदांत का व्यावहारिक स्वरूप समझाया। उसका सब प्रकार से समाधान किया। सरस्वती का भी अंतःकरण अब शंकारहित था। अतः उसने भी अपने पति के साथ-साथ संन्यास ले लिया तथा इस प्रकार सबके सब दिग्विजय के निमित्त आगे बढ़े। मंडन मिश्र और उनके अनेक शिष्य अब शंकराचार्य के साथ थे। किंतु अब मंडन मिश्र 'सुरेश्वराचार्य' थे।

□

विविधता में एकता

स्वामी शंकराचार्य को अब एक उत्कृष्ट कार्यकर्ता मिल चुका था। सहस्रों लोग उनके मत के अनुयायी हो गए थे। पर इतने से उनको संतोष कहाँ? वे तो संपूर्ण भारतवर्ष को एकात्मता का अनुभव कराना चाहते थे, संपूर्ण जन-समुदाय को अद्वैत का पाठ पढ़ाना चाहते थे। इस ध्येय की विशालता की तुलना में अभी उनका कार्य नगण्य ही था। किंतु उन्हें अपने कार्य पर तथा अपनी शक्तियों पर विश्वास था, भगवान् पर श्रद्धा थी। वे जानते थे कि उन्हें सफलता अवश्य मिलेगी, इसीलिए सफलता-असफलता के संबंध में चिंता न करते हुए वे अपने कार्य में जुट गए, जो सर्वस्वार्पण करके अपने कार्य से एकरूप हो जाता है, जिसके जीवन की प्रत्येक कृति में उसका ध्येय और कार्य ही परिलक्षित होता है, उसे सफलता की बाट नहीं देखनी पड़ती, सफलता तो स्वयं उसके चरण चूमती है। स्वामी शंकराचार्य को भी अपने छोटे से जीवन में यही अनुभव हुआ।

महिष्मती से स्वामी शंकराचार्य दक्षिण की ओर चले। जिधर से वे निकल जाते, लोग उनके हो जाते। अनेकानेक देवी-देवताओं के पुजारी उनसे मिले। अपने-अपने, देवी-देवताओं को ही वे सर्वस्व समझते थे। स्वामी शंकराचार्य ने किसी भी देवता का खंडन नहीं किया। लोगों की श्रद्धा को नष्ट नहीं किया। श्रद्धा तो दैवी गुण है, उसको नष्ट करना एक सद्गुण को नष्ट कर देना है। अतः उन्होंने श्रद्धा को नष्ट न करते हुए केवल श्रद्धा का केंद्र बदल दिया। छोटे-छोटे देवी-देवताओं की पूजा अनंत ज्ञानमय परमपिता परमेश्वर की ही तो पूजा है। क्योंकि उसकी शक्ति सर्वत्र व्यक्त

होती है; जड़-चेतन में वही रमा हुआ है। उन्होंने बताया कि हिंदू हृदय की एक प्रेरणा सब उपासना की विधियों के पीछे है, भिन्न-भिन्न पूजा पद्धतियों के पीछे उस परम दयामय भगवान् के प्रति एक ही कृतज्ञता की भावना है, जिसने हमको धन-धान्य, विपुला भूमि तथा सब प्रकार का सुख-साधन प्रदान किया। सत्य को खोजने की प्रकृति के रहस्यमय व्यापार को समझने की एक ही प्रवृत्ति का परिणाम बाह्यतः दिखने वाली भिन्नता है। अपनी वैदिक परंपरा की रक्षा करने की एक अभिलाषा ने अपने राष्ट्रीय जीवन को स्वाधीन रखते हुए विकास की अत्युच्च अवस्था को प्राप्त कराने की एक ही महत्त्वाकांक्षा ने कहीं आदित्य उपासना का रूप लिया तो कहीं शक्ति-आराधना का, कहीं गणेश को ही आराध्य मानकर भारत के कोने-कोने में अष्ट गणपति के मंदिरों का सृजन किया। तो कहीं द्वादश ज्योतिर्लिंगों की स्थापना करके भारत-भूमि की परिक्रमा करने का प्रयत्न किया, कहीं वह भगवान् बाल्मीकि के आदिकाव्य के रूप में फूट पड़ी तो कहीं श्रीमद्भागवत की मधुर कथा से जन-समुदाय को विह्वल बना दिया, कहीं योगाभ्यास करते हुए वर्षों तक एक-एक आसन में व्यतीत करने वाले योगी उत्पन्न किए तो कहीं अपनी कठोर करवाल से क्रूरता का कपालोच्छेदन कर कृतांत को कृशता के कर से मुक्त करने वाले कापालिकों को कृतकृत्य किया, कहीं सरस्वती की सतत सेवा करने वाले साहित्यकारों के द्वारा सृष्टि को सीमित करने का श्रेय दिया तो कहीं अत्याचारों एवं अन्यायी आक्रमणकारियों की अनीक को असि के घाट उतारकर प्रजा पर कृपा दृष्टि करने वाले नृपतियों को राजलक्ष्मी का प्रसाद।

शाक्त, शैव, वैष्णव, गाणपत्य, आदित्योपासक आदि सबके सब एक ही शक्ति के उपासक हैं, उसी सहस्रानन, सहस्रबाहु, सहस्रपाद, सहस्राक्ष राष्ट्रपुरुष की भिन्न-भिन्न स्वरूप में पूजा करते हैं।

स्वामी शंकराचार्य के इस सदुपदेश के कारण लोगों को अपनी वस्तु न छोड़ते हुए भी बड़ी चीज मिल गई। जीवन की विशालता से, ध्येय की उच्चता, व्यवहार की महत्ता से उनका संबंध जुड़ गया। ऊपर चढ़ने की इच्छा लेकर ऊपर की सीढ़ी पर पैर रखने वाला स्वतः ही नीचे की सीढ़ी छोड़ देता है। नीचे की सीढ़ी की उसे याद ही नहीं रहती; उसे छोड़ने में

उसको कष्ट नहीं होता। बस स्वामी शंकराचार्य ने इसी संपूर्ण जनसमुदाय को ऊपर उठाया। छोटे-छोटे ध्येय के गड्ढे में सड़ने वाले यात्री का संबंध विशाल राष्ट्र-गंगा से कर दिया; गंदगी स्वतः ही नष्ट होने लगी, जीवन में पवित्रता का प्रवेश होने लगा। हिंदू हृदय की जो असीम श्रद्धा अब तक देवी-देवताओं के छोटे-छोटे पात्रों में न समा सकने के कारण उफनकर दूसरों की आलोचना करती थी, उसको अब विशाल एकत्व के अद्वैत-सागर में स्थान मिला। हिंदू संस्कृति की बेल सहिष्णुता का पानी पीकर फिर से लहलहा उठी।

अनेकों विरोधी भाव लेकर स्वामी शंकराचार्य के पास आते किंतु उनके सामने आते ही उनका विरोध काफ़ूर हो जाता। इतने महान् विचारक, धर्म, विज्ञान, साहित्य, इतिहास और पुराणों के प्रकांड विद्वान्, राष्ट्र की आत्मा से एकात्म का अनुभव करने वाले शंकराचार्य को भी लोग समझाकर अपने मत में प्रविष्ट करने का प्रयत्न करते, अपने कार्य में संशोधन करने के अनेक सुझाव उनके सामने रखने की धृष्टता तक करते। किंतु स्वामी शंकर का मार्ग इतना सर्वांगपूर्ण था कि किसी के भी खींचतान की वहाँ गुंजाइश ही नहीं थी। लोग सीना ताने उनके सामने आते और अपना सा मुँह लेकर लौट जाते।

दक्षिण का भ्रमण करते-करते स्वामी शंकराचार्य काँची पहुँचे। काँची को दक्षिण का काशी कहा गया है। उत्तर की भाँति दक्षिण की, वह भी संस्कृति का केंद्र रही है। यह केवल संस्कृति और धर्म का ही केंद्र नहीं थी, अपितु सब प्रकार से धन-धान्य से भी परिपूर्ण थी। पल्लवों की राजधानी रहने का इसको सौभाग्य प्राप्त हो चुका था। अपने प्रखर प्रताप से महाराज पुलिकेशी की प्रतिभा को तिरोहित कर देने वाले सम्राट् नृसिंह वर्मन की कीर्ति से कांची आज भी कांतिमान थी। कांचीपुरी के बाजारों, ऊँचे-ऊँचे विमानगृहों, सीध और अट्टों में तथा राजमार्ग के तोरणों और प्राकारों में अनंत लक्ष्मी बरसती थी। सरस्वती के स्वर ने कांची को काशी बना रखा था। तो लक्ष्मी के विलास ने उसे पाटलिपुत्र का वैभव प्रदान किया था। कांची में स्वामी शंकराचार्य कुछ दिन रहे। चारों ओर उनकी विद्वत्ता की धूम मच गई थी। संपूर्ण दक्षिणपथ में उनकी वाणी गूँज गई थी। चारों ओर उनके अनुयायी-ही-अनुयायी दिखाई देते थे। मालूम होता था कि शंकराचार्य के

जीवन का कार्य पूरा हो गया। किंतु शंकराचार्य जानते थे कि जन-समाज की स्मृति अल्प होती है। उनकी भावनाएँ जहाँ एक ओर क्षणिक आवेश में उत्ताल तरंगों की भाँति उठकर संपूर्ण संसार को परिप्लावित करने का प्रयत्न करती हैं, वहाँ तट से टकराकर चूर-चूर भी हो जाती हैं। फिर उनका चिह्न भी नहीं दिखाई देता। अतः ऐसा प्रबंध करना आवश्यक है, जिसमें कि जन-समाज के एकत्व की भावना युगों-युगों तक बनी रहे। समाज में जो एक विचार और एक व्यवहार की लहर आई है, वह सदैव बनी रहे; तभी तो समाज का संगठन सुदृढ होगा, शाश्वत होगा, नहीं तो पानी के बुलबुले की भाँति क्षणिक होकर नष्ट हो जाएगा। अतः उन्होंने समाज को स्फूर्ति देने वाले, उसके जीवन-स्रोत-स्वरूप, प्रत्येक की श्रद्धा के केंद्र 'मठ' की स्थापना करने का विचार किया—मौजें मारने वाले महंत तथा चाटुकार चेलों की रंगस्थली नहीं, अपितु समाज के सच्चे सेवक, देश के कर्णधार, ज्ञानी, विद्वान्, निस्स्वार्थी, निस्पृही तथा दृढ-निश्चयी कार्यकर्ताओं को शिक्षित करके संपूर्ण देश में भेजने वाले स्थान के रूप में उन्होंने मठ स्थापित किए। कहते हैं कि कांची में ही उन्होंने पहला मठ स्थापित किया था। किंतु उनका स्थापित श्रृंगेरी मठ ही अधिक विख्यात है तथा आज तक चला आ रहा है। सुरेश्वराचार्य को उन्होंने श्रृंगेरी का सबसे पहला मठाधीश नियुक्त किया। दक्षिण को ज्ञान की दिशा देने वाला, उनको धर्म का पाठ पढ़ाने वाला, उनको धार्मिक तथा सामाजिक व्यवस्था देने वाला उत्तर का मिथिला का ब्राह्मण सुरेश्वराचार्य हुआ। और उत्तर में जोशी मठ का आचार्य दक्षिण का ब्राह्मण नियुक्त किया गया। जीवन के एक-एक क्षेत्र में उन्होंने भारत की इस एकता को बनाए रखने का कितनी सावधानी से प्रयास किया था। इसीलिए तो चैतन्यमय भारत का आज भी अभिव्यक्त और अविच्छिन्न स्वरूप हमारा आराध्य बना हुआ है।

दक्षिण का कार्य समाप्त करके स्वामी शंकराचार्य ने फिर अपना मुख उत्तर की ओर मोड़ा। उनकी कीर्ति सुनकर राजा सुधन्व साथ हो लिया। अब शंकराचार्य का नाम चारों ओर फैल गया था। अतः वे जहाँ जाते, दर्शनों के लिए अपार जन-समूह टूट पड़ता। विशाल जन-सभाओं में व्याख्यान देना, भीड़ के भीड़ लोगों को अपने मत में दीक्षित करना उनका दैनिक कृत्य हो

गया था। वे जब जनता के सामने व्याख्यान देने खड़े होते तो अपने भावों के ऊपर लच्छेदार शब्दों तथा भाषा की दुरूहता का आवरण नहीं चढ़ाते थे। वे तो सीधे-सादे शब्दों में अपने हृदयगत भावों को उनके सामने रखते। जनता जनार्दन के सम्मुख आत्मनिवेदन करते, वे अपना हृदय खोलकर उनके सामने रख देते और लोग खुली आँखों देखते कि उस हृदय में उनके लिए प्रेम है, देश के लिए तड़प है तथा धर्म-कार्य की लगन है। स्वार्थ खोजने को भी नहीं मिलता, दंभ कहीं दिखाई नहीं देता; अहंमन्यता आठ-आठ आँसू बहाती दिखती। उस हृदय में उनको अपना स्वरूप दिखता, अपने लिए स्थान मिलता और वे उनके हो जाते। अनेक मतावलंबी उनके पास आए पर उनके होकर रह गए। मध्यार्जुन में शैव मतावलंबियों से पाला पड़ा जो कि शिव को छोड़कर किसी की उपासना जानते ही नहीं थे। वैष्णवों से उनका घोर विरोध था तथा यह विरोध कई बार कलह का रूप ले लेता था। स्वामी शंकराचार्य ने उनका विरोध शांत किया। शिव का वास्तविक रूप उनको समझाया। उन्होंने बताया कि यदि शिव वास्तव में देवाधिदेव हैं, सर्वज्ञ हैं, तो वे अंतर्यामी, सर्वव्यापक, अनंत चैतन्ययुक्त परमब्रह्म के अतिरिक्त कोई नहीं हो सकते। फिर तो वैष्णव भी उन्हीं शिव की पूजा करते हैं। केवल रूप भिन्नता के कारण बाह्य भेद दिखाई देता है। उसके कारण जिनको अपने आराध्य के सच्चे स्वरूप का ज्ञान है, उनको तो नहीं लड़ना चाहिए, अज्ञानी लड़ें तो बात दूसरी है। स्वामी शंकराचार्य का तर्क शिवभक्तों को मान्य हुआ। उनके हृदय से कलुषता दूर हुई तथा संपूर्ण समाज के शिव की कामना से हृदय परिपूर्ण हो गया।

मध्यार्जुन में भगवान् शिव की पूजा-अर्चना करके आचार्य ने विदर्भ की ओर प्रस्थान किया। विदर्भराज नल के आख्यान अब भी स्थान-स्थान पर उनको सुनने को मिलते थे। वहाँ भी अनेक उपासकों को उन्होंने परास्त किया। लक्ष्मी के उपासक केवल लक्ष्मी को ही आराध्य देव मानकर दिन-रात पैसा-पैसा की ही रट लगाए रहते थे। स्वामी शंकराचार्य ने लक्ष्मी का वास्तविक उपयोग बताया कि लक्ष्मी के जीवन की धन्यता तो विष्णु की सेवा में है; शेषशायी भगवान् विष्णु के पैर दबाते रहना यही तो उनके जीवन भर का कार्य है। अतः यदि धन का उपयोग धर्म के लिए नहीं हुआ, देशसेवा में

नहीं हुआ, भगवत कार्य के निमित्त नहीं हुआ तो धन कमाना व्यर्थ ही है। धन तो साधन है, साध्य नहीं। स्वामी शंकराचार्य के व्यक्तित्व और वाणी के प्रभाव ने उलूकवाहिनी के अनुचरों के तमाच्छन्न हृदय में भी प्रकाश कर दिया, उन्हें भी जीवन में कुछ शांति और समाधान का अनुभव होने लगा।

अपने ज्ञान के आलोक से दिग्दिगंत को आलोकित करते हुए, मार्ग की बाधाओं को अपने पुरुषार्थ से पदाक्रांत करते हुए जगन्नाथ धाम में पहुँचे। भारत के कोने-कोने से जगन्नाथ के दर्शनों को यात्री एकत्र थे। सब के सब अपने भेदभाव को भूलकर अत्यंत प्रेम के साथ मिलते तथा एक ही भक्तिभाव से भगवान् के सामने शीश नवाते। आज की भाँति तब भी यही परंपरा प्रचलित थी कि 'जगन्नाथ का भात, पूछो जात न पाँत।' छोटे-बड़े, अमीर-गरीब, ब्राह्मण-शूद्र, शिक्षित-अशिक्षित सबके सब एकरस होकर जब भोग पाते तब गर्जन करता हुआ समुद्र उच्च स्वर से भारतीय एकता की घोषणा करता हुआ सुदूर पूर्व तक चला जाता। महोदधि की इस अमृत वाणी ने ही तो अनेक भागों में विभक्त द्वैपायन सभ्यता और संस्कृति को एकता के सूत्र में ग्रंथित किया था। मातृभूमि की एकता का प्रभाव द्वीपांतरवासियों की एकता पर क्यों न पड़ता?

जिस प्रकार शृंगेरी और काँची में दक्षिण के लिए मठ की स्थापना की थी, उसी प्रकार जगन्नाथपुरी में भी पूर्व-प्रदेशों के मार्ग-दर्शन के निमित्त गोवर्धन मठ की स्थापना की। यहाँ से उसी भावना से प्रेरित होकर संन्यासी निकलते थे, जैसे शृंगेरी मठ से निकलते थे, और इसीलिए तो दक्षिण और पूर्व एक ही रंग में रँग गए।

पुरी से काशी होते हुए वे पश्चिम प्रांतों की दिग्विजय के निमित्त गए। जो हाल पूर्व में वही पश्चिम में। सूर्य तो जहाँ जाता है, वहीं आलोक करता है। अपने एकत्व के संदेश को सुनाते हुए वे द्वारकापुरी पहुँचे। देश-कल्याण की भावना से कदर्यता का कलंक सहन करके भी रण छोड़कर भागने वाले रणछोड़ की बसाई हुई द्वारका कृष्ण की देशभक्ति, धर्म भावना, एकराटत्व की महती आकांक्षा स्थापना की अत्युच्च कल्पना की साक्षी रूपी अभी खड़ी थी। बड़ा जोश लेकर पश्चिम समुद्र इन भावनाओं को कुचलने की इच्छा से उठता; किंतु तट से टकराकर चूर-चूर हो जाता; सिर पटककर रह जाता;

रोता-चिंघाड़ता वापस लौट पड़ता, किंतु मातृभूमि की एकता को विदीर्ण न कर पाता। यहाँ भी स्वामी शंकराचार्य ने एक मठ की स्थापना की।

द्वारकापुर से आचार्य फिर उत्तर की ओर चल पड़े। अत्यंत भयानक मरुस्थल भी उनका मार्ग न रोक पाया। तप्तांश के उत्तप्त ताप से मरुकणिकाएँ लाल हो उठतीं, किंतु आचार्य शंकर शांत चित्त से अपने पैर बढ़ाए जाते। शीत और ताप के प्रभाव से वे ऊँचे उठ चुके थे। मरुस्थल जल-भुनकर खाक हो जाता, परंतु उनके अंतर के ताप से बाजी ने मार पाता। सूर्य तो मुँह छिपाकर भागने की कोशिश करता, भूमि ठंडी पड़ जाती और शंकराचार्य आगे बढ़ जाते। इस भीषण मरुस्थल को पार करके पंचनद प्रदेश में पहुँचे, जहाँ कि पंजे की पाँच उँगलियों के समान पाँचों नदियाँ फैली हुई थीं। पंचनद के गर्भ में कितना अतीत छिपा हुआ है, कितनी घनी है उस अतीत की स्मृति कि मस्तिष्क के सामने एक के बाद एक चित्र इतने वेग से आते हैं कि उनको स्पष्ट करना भी कठिन हो जाता है। वैदिक सामगान की प्रतिध्वनि करती हुई सरस्वती जहाँ कलकल करती थी, यहाँ वेद विरोधी बौद्धों का बोलबाला देख शंकराचार्य क्षुब्ध हो उठे। पुरु के प्रचंड पौरुष का जहाँ विपाशा गुणगान करती थी, चंद्रगुप्त के शौर्य और चाणक्य की चतुराई के सामने जहाँ सिंधु भी झुक गया था, वहीं कुछ लोगों की अराष्ट्रीय प्रवृत्तियों के कारण बाह्य आक्रमणकारियों का ताँता लगा रहे, यह वे सहन नहीं कर पाते थे। इन वेद विरोधियों को समाप्त करने का उनका निश्चय था तथा वास्तव में यहीं उनको यह अवसर प्राप्त हुआ था, अभी तक तो केवल हिंदुत्व में एकत्व निर्माण करने का, उनको संगठित करने का तथा अपनी शक्ति संचित करने का ही काम किया था। अब अंतरशक्ति के निर्माण के बाद बाह्य शत्रुओं की ओर ध्यान देना आवश्यक हो गया।

□

राष्ट्र, धर्म और संप्रदाय

स्वामी शंकराचार्य को अपने अभिलषित को पूर्ण करने के लिए अधिक दिनों तक नहीं ठहरना पड़ा। तक्षशिला पहुँचते-पहुँचते उनकी बौद्ध विद्वानों से मुठभेड़ हो ही गई। बौद्ध अपने को तर्क का प्रकांड पंडित समझते थे। उनको विश्वास था कि वे शब्दों की खींचतान करके तथा बाल की खाल निकालकर किसी भी बड़े-से-बड़े पंडित को अवश्य ही शास्त्रार्थ में हरा देंगे। शब्दार्थ की व्याख्या करते रहना, अपना वाग्वैभव प्रदर्शित करते रहना ही उनका काम रह गया था। आपस में भी वितंडा और वाद-विवाद ही चलता रहता था। फिर दूसरों को इस चक्कर में फँसाने से भला वे क्यों चूकते! किंतु स्वामी शंकराचार्य इस चक्कर में फँसने वाले नहीं थे। उनके सामने अच्छे-अच्छों की दाल गलना दुष्कर था। वे शब्दों के पीछे नहीं थे, व्यवहार के पीछे थे। सूखे तर्क का उन्होंने कभी सहारा नहीं लिया। इसीलिए नहीं कि वे तर्क करना नहीं जानते थे अथवा उनके सिद्धांत तर्कसम्मत नहीं थे। किंतु इसीलिए कि कर्मण्यता का पौधा तर्क की मरुभूमि में नहीं, किंतु भावना की उपत्यका में लहलहाता है, शब्दों का जंजाल तो व्यवहार को किंकर्तव्यविमूढ़ बना देता है। अतः शब्दाडंबर से वे कोसों दूर रहे।

बौद्ध मंडली इस प्रकांड पंडित से शास्त्रार्थ करने के लिए बड़ी सज-धजकर बैठी थी। वे पुनः एक बार सुनहले स्वप्न देखने लगे, जबकि प्रियदर्शी अशोक के राजत्व काल में चारों ओर बौद्ध-ही-बौद्ध दिखलाई देते थे। उन्हें विश्वास था कि शंकराचार्य को वे बौद्ध बना लेंगे। शंकराचार्य का व्यक्तित्व भी वे जानते थे। उनका कितना प्रभाव है, यह वे भी जानते थे।

उनकी कल्पना थी कि उनके बौद्ध होने पर फिर एक बार संपूर्ण भारतवर्ष बौद्ध हो जाएगा। दोनों ओर मंडली जम गई। बौद्ध भिक्षुओं ने ही कथन प्रारंभ किया—

"आचार्य शंकर! आज हम लोगों के लिए अत्यंत आनंद का विषय है कि आप जैसे महापुरुष हमारे बीच में उपस्थित हैं तथा सत्य को जानने की उत्कंठा से हमसे वार्त्तालाप करने को उद्यत हुए हैं। इस दुःख से भरी दुनिया में यदि शांति का कोई मार्ग हो सकता है तो वह भगवान् बुद्ध का ही मार्ग हो सकता है, जीव हिंसा से दूर रहिए, सेवा का आदर्श अपने सामने रखिए, वैदिक कर्मकांड के पचड़े में पड़कर अपने नैतिक जीवन को गर्हित न कीजिए तथा 'संघ शरणं गच्छामि, बुद्धं शरणं गच्छामि, धम्मं शरणं गच्छामि' का उच्चारण करके निर्वाण पद के अधिकारी बनिए।"

"आपके कथन से मैं पूर्णतया सहमत हूँ, धर्मभिक्षु," स्वामी शंकर ने कहा, "भगवान् बुद्ध मेरे ही पूर्वज थे। उनकी सहृदयता, मानव कल्याण की भावना, समाज के दुःख दूर करने की उत्कंठा, अपने ध्येय के लिए कठिन-से-कठिन जीवन व्यतीत करने की तैयारी, उनका तप, वैराग्य, शांत तथा जिज्ञासु वृत्ति किसके लिए अनुकरणीय नहीं होगी। वे तो हमारे राष्ट्र के महापुरुष थे। उनके सम्मुख प्रत्येक राष्ट्रभक्त नतमस्तक होगा। मुझे भगवान् बुद्ध से विरोध नहीं है, न उनके नैतिक आदर्शों से विरोध है। परंतु तनिक सोचो तो भिक्षु श्रेष्ठ, क्या आज हम उनके आदर्श का पालन कर रहे हैं? उनकी आत्मा की पुकार क्या हम आज सुन पा रहे हैं? अपने समाज के दुःख को देखकर ही तो वे दया से द्रवीभूत हुए थे। आज क्या उस समाज के सुख-दुःख की हम चिंता करते हैं? वह वृद्ध, जिसके जराग्रस्त विकंपित गात ने भगवान् बुद्ध के कोमल हृदय के कंपन को रोक दिया, कौन था? उसके शरीर में पुण्यमयी भारतभूमि के जो रजकण युवावस्था में इठलाते घूमते थे, वे ही तो वृद्धावस्था में माता की गोद में विलीन होने को मचल रहे थे। इसी जननी के कोटि-कोटि पुत्रों के जीवन को सुखी बनाने के निमित्त ही तो भगवान् बुद्ध ने घोर तपश्चर्या की, कठिन-से-कठिन कष्ट सहे तथा अंत में बुद्धत्व प्राप्त करके उन्हीं को ज्ञान का प्रकाश देते-देते अपना जीवन खपा डाला। आज तो मालूम होता है, उनकी भावना हमको छू भी नहीं गई है। हम

अपनी इन आँखों से शक और हूणों के अत्याचार नहीं देखते? इन पाशविक कृत्यों को देखकर हमारा हृदय क्यों नहीं रोता? सूनी आँखों में क्या अपने इन बंधुओं के दुःख के लिए दो आँसू भी शेष नहीं रहे?''

''आचार्य, आप चाहते हैं कि बौद्ध धर्म का विश्व में प्रसार न हो? जंगली और असभ्य जातियों को सभ्यता का पाठ नहीं पढ़ाना चाहिए?'' एक भिक्षु एकाएक बोला तथा सबके सब प्रश्नसूचक भाव से शंकराचार्य को देखने लगे, मानो यह सबका ही प्रश्न था।

''क्यों नहीं करना चाहिए, भिक्षुवृंद,'' स्वामी शंकराचार्य ने ज़ोर देते हुए कहा, भगवान् के शब्दों को तो अवश्य ही लोक-लोक में पहुँचा देना चाहिए। 'कृण्वन्तो विश्वमार्यम्' का अपना प्राचीनतम सिद्धांत है। उसके अनुसार अवश्य ही संपूर्ण मानव को ऊँचा उठाना है। किंतु भिक्षुवर, फूटा पात्र लेकर आज आप विश्व की प्यास बुझाने चले हैं। स्वयं तमाच्छन्न होकर, स्नेहहीन दीपक से विश्व को आलोकित करना चाहते हैं। यह कैसी विडंबना है!''

''हम आपका अर्थ नहीं समझ पा रहे हैं, आचार्य।'' भिक्षु बीच में ही बोल उठे।

''क्या शक और हूणों के जीवन को हमने प्रकाशित नहीं किया?'' दूसरे भिक्षु ने पूछा।

''यही तो भ्रम है आपका।'' स्वामी शंकराचार्य ने कहा, ''शक और हूण बौद्ध धर्म में इसीलिए दीक्षित नहीं हुए कि उन्हें बौद्ध धर्म प्रिय था, अथवा उन्हें भगवान् बुद्ध से प्रेम था, या वे अपने जीवन को आलोकित करना चाहते थे। किंतु उन्होंने बौद्ध धर्म को अपनी राजनीति के चंगुल में फँसाया। उनके बौद्ध धर्म को स्वीकार करने पर तुमने समझा कि वे अपने हो गए।''

''क्यों परायों को नहीं अपनाना चाहिए, आचार्य?'' बीच ही में एक युवा भिक्षु बोल उठा।

''धैर्य रखो युवक,'' स्वामी शंकराचार्य ने कहा, ''परायों को ख़ूब अपनाओ, कौन रोकता है तुम्हें? किंतु पराये अपने बनें तब न। और फिर तुमने उनको अपनाया है या उन्होंने तुमको अपनाकर देश-बंधुओं से दूर

करने का प्रयत्न किया है? इसी अपनेपन के कारण तो तुम उनके अत्याचारों में सहयोग देते रहे। कनिष्क ने बौद्ध धर्म का पुन: संस्कार भी किया और साथ ही भारत की स्वतंत्रता का गला भी घोंटता रहा। तुमने एक को देखा पर दूसरे की ओर ध्यान देना तो दूर रहा, उल्टे उसकी सहायता ही की।''

''उसने जो कुछ किया, एक धर्मप्रेमी के नाते किया। उसमें राजनीति की टाँग क्यों अड़ाते हैं, आचार्य?'' धर्मभिक्षु ने कहा।

''यह उसका धर्मप्रेम ही था, जो अश्वघोष को बलपूर्वक पाटलिपुत्र से पकड़कर लाया? शासक का कोई धर्म नहीं होता, भिक्षुवर,'' आचार्य शंकर ने आगे कहा, ''उसका तो एक ही धर्म है कि अपने शासन की जड़ें मज़बूत करना और उसके लिए ही वह सब प्रकार से प्रपंच रचता है। उसी के निमित्त इन शासकों के ये प्रपंच थे। वे जानते हैं कि यदि भारतवर्ष की प्राचीन परंपरा बनी रही, उसकी सामाजिक व्यवस्था बनी रही तो यह सदैव के लिए हमारे चंगुल में नहीं रह सकेगा। इसके विपरीत स्वतंत्रता की चाह को समाप्त करने का सबसे सरल मार्ग है—राष्ट्र की संस्कृति और सभ्यता का विनाश। आप उनके हाथ की कठपुतली बने तथा सब प्रकार से इस देश की व्यवस्था और परंपराओं को नष्ट करने का प्रयत्न किया। यदि ये परंपराएँ नष्ट हो गई होतीं तो भारत का भाग्यसूर्य सदा के लिए अस्त हो जाता, परंतु आज भी वह प्रखर तेज के साथ भासमान है। इसका श्रेय किनको है? उन्हीं प्राचीन परंपरा का अभिमान रखने वाले शकारि विक्रमादित्य को, नागवाकाटकों को, गंगों को, गुप्तों को, यशोधर्मन को, यशोवर्मन को और हर्ष को। एक भी उदाहरण बताओ, जहाँ परंपराशून्य हृदय में स्वतंत्रता की अभिलाषा जगी हो।''

भिक्षु वर्ग सिर नीचा किए हुए चुप बैठा था। अपने किए पर संभवतया उसे पश्चात्ताप हो रहा था। शंकर स्वामी ने शांत भाव से फिर कहा, ''आपके सत्य सिद्धांत किसी को अमान्य नहीं हैं। भगवान् बुद्ध हमारे भी पूज्य हैं; दुनिया के दु:खों से हम भी तरना चाहते हैं; आपकी पूजा अर्चा तो भक्तिभाव के लिए प्रत्येक को आवश्यक है। आप में और हममें भेद कहाँ है? आप भी तो हिंदू हैं। फिर शास्त्रार्थ कैसा भिक्षुवृंद?''

''क्या कहा, हम बौद्ध नहीं, हिंदू हैं!'', एकाएक कुछ भिक्षु बोल उठे।

''हाँ, आप हिंदू हैं और बौद्ध भी, आप हिंदू हैं और वैष्णव भी, आप

हिंदू हैं और शैव भी, आप सबकुछ हैं।'' शंकर स्वामी ने कहा।

''यह कैसा गोरखधंधा है आचार्य?'' भिक्षुगण कुछ फेर में पड़कर बोले।

''गोरखधंधा नहीं है बंधुवर,'' स्वामी शंकर ने स्नेहपूर्वक कहा, ''आप इस पुण्य-भूमि हिंदुस्थान के निवासी आर्यों की संतान हैं, प्राचीन परंपरा के मानने वाले हैं, राम और कृष्ण की संतान हैं, अतः हिंदू हैं। भगवान् बुद्ध की आत्मा का आपने साक्षात्कार किया है, अतः बौद्ध हैं। विष्णु के अवतार भगवान् बुद्ध के पुजारी होने के नाते वैष्णव हैं, और राष्ट्र के शिव की आराधना आपको शैव भी बनाएगी।''

''यह सब तो आप वेद की बातें बता रहे हैं, आचार्य?'' एक भिक्षु बोला।

''यदि आपकी बातें वेदों में मिल जाएँ तो उसमें आपको क्या आपत्ति होनी चाहिए?'' आचार्य ने हँसकर कहा और बोले, ''प्राचीनता के गौरव के लिए तो लोग तरसते हैं और आप अपने गौरव को नष्ट करने पर तुले हुए हैं।''

''नहीं आचार्य। हम कुछ नहीं करना चाहते।'' भिक्षु वर्ग एकदम बोल उठा।

''फिर क्या है। प्राचीन काल से हम सब एक ही प्रवाह के जलकण रहे हैं, उस सरिता का ही नाम आर्य है, हिंदू है। यही हमारा गौरव चिह्न है, मान-सम्मान का दाता है, आइए इसी के लिए हम अपनी संपूर्ण शक्तियाँ समर्पित करें। भगवान् ने सदा ही हमारी रक्षा की है, हमारे समाज का पालन किया है, इसको जीवन-शक्ति का दान दिया है। राजकुमार सिद्धार्थ ने बुद्धत्व प्राप्त करके ईश्वरीय स्वरूप का साक्षात्कार किया और अपने सदुपदेश से इस पुरातन समाज की वल्लरी को पल्लवित किया।

''वे निश्चित ही भगवान् विष्णु के अवतार थे। आइए, हम सब उनको नमस्कार करें। वह गया जहाँ बुद्ध ने आत्म-साक्षात्कार किया, हमारे लिए तीर्थस्वरूप है। वह स्थान हमारी परंपरा के प्रवाह को अवरुद्ध करने वाला न होकर उसको अजस्र गति दान करने वाला हो। उस पवित्र स्थान पर अपने प्राचीन जीवन और पूर्वजों के प्रति श्रद्धा ही हमारे जीवन में उत्पन्न हो। अतः

प्रत्येक भारतीय गया में ही पितृतर्पण करेगा, वहीं पितृश्राद्ध करता हुआ अपने जीवन की संपूर्ण श्रद्धा अपने पूर्वजों के श्रीचरणों पर अर्पित करेगा।''

शंकराचार्य की घोषणा समाप्त हुई। चारों ओर 'हिंदू की जय', 'भगवान् बुद्ध की जय', 'वेदों की जय' का तुमुल घोष होने लगा। जयनाद से दसों दिशाएँ भर गईं। आचार्य शंकर ने शंख ध्वनि की, जिसके कर्ण-कुहरों में शंख का वह अमृतरव पहुँचा, वह कृतकृत्य हो गया, वही अपने आपको हिंदू कहने लगा।

आचार्य की विजय-कहानी चारों ओर फैल गई। राष्ट्रीयता की एक लहर उठी, उसमें लाखों बौद्धों ने अवगाहन किया, अपने मन के मैल को, संकुचित अराष्ट्रीय प्रवृत्तियों को धो डाला। अब उनका हृदय स्नेहपूर्ण तथा स्वच्छ था।

भारत की समन्वयात्मक संस्कृति की पुस्तक का एक नया परिच्छेद खुल गया। घर से रूठकर गए हुए बालक को आज स्वामी शंकराचार्य पुनः घर में ले आए। कितना हर्षपूर्ण रहा होगा वह दिन!

□

हिमालय की चोटियों पर

तक्षशिला से आचार्य शंकर कश्मीर की ओर चले गए। महर्षि कश्यप की भूमि कश्मीर के क्रोड़ में केवल कुंकुम क्यारियाँ ही नहीं, काव्य और कला भी क्रीड़ा करती थीं। अपने प्राकृतिक सौंदर्य से जहाँ वह नंदन-कानन को भी लजाती थी, वहाँ साहित्य और संस्कृति के शुद्ध एवं सरल द्योत की सुषमा के कारण स्वयं सरस्वती ही विराजती थी। श्रीनगर का शारदा मंदिर सुविख्यात था। अच्छे-अच्छे विद्वान् शारदा के चरणों में आकर शीश नवाते, उसके वरदहस्त की कामना करते किंतु उन्हें निराश होना पड़ता। युग-युगों से शारदा के मंदिर में कोई प्रवेश नहीं कर सका था। बिना शारदा का वरदान पाए कौन जगद्गुरु हो सकता था।

आचार्य शंकर शारदा का ध्यान किए हुए मंदिर की ओर बढ़ते जाते थे। प्रकृति-नटी ने साज-शृंगार करके उनको विमोहित करना चाहा; प्रस्फुटित पुष्पों ने हँसकर उनका स्वागत किया और दो बातें करनी चाहीं, कलियों ने चटककर धीरे से कान में अपना प्रेमभरा राग सुनाया और करस्पर्श की लालसा प्रकट की; अप्सराएँ सरोवरों में अपना स्वरूप देखने के बहाने उतर आईं, गंधर्व पक्षियों के स्वरों में गाने लगे, किंतु कोई भी आचार्य शंकर को रोक नहीं पाया। वे तो सत्य का साक्षात्कार कर चुके थे; भला संसार का असत्यमय रूप उनको कैसे आकृष्ट कर सकता था, चाहे वह चर्मचक्षुओं को कितना ही लुभावना क्यों न लगे। ध्येयवादी तरुण के समान वे अपने ध्येय-पथ पर आगे बढ़ते ही जाते थे। वे जानते थे कि निरंतर चलते रहने से ही अंतिम यश की प्राप्ति होगी। उनका धवल यश चारों ओर हिमानी चोटियों पर

छा गया था। प्रातःकाल बालारुण की स्वर्णिम रश्मियाँ जब हिमाच्छादित श्रृंगों पर पड़ती थीं। केसर की क्यारियों की प्रतिच्छाया और आचार्य शंकर के दृढ निश्चय का तेज एक साथ हिमालय की चोटियों पर चमक उठता। उषा विदा होते-होते अपने कर से केसर का तिलक भारत के भाल पर लगा जाती। शंकर आगे बढ़ते और भारतीय आत्मा का आध्यात्मिक, आधिदैविक और आधिभौतिक स्वरूप संपूर्ण दृश्य में नाच उठता।

आचार्य के श्रीनगर पहुँचते-पहुँचते चारों ओर के विद्वान् भी वहाँ पहुँच गए। शंकराचार्य की विजयपताका यद्यपि संपूर्ण भारत में फहरा चुकी थी, किंतु कश्मीर के शारदा-भक्त उनके समक्ष नतमस्तक होने को तैयार नहीं थे। शंकराचार्य ने सरस्वती का अवतार भारती को शास्त्रार्थ में जीता था। किंतु इस बहुश्रुत सत्य का मूल्य उनकी दृष्टि में कुछ नहीं था। उनको तो कान की अपेक्षा आँखों पर अधिक विश्वास था। आचार्य शंकर भी उनको अपने मत में दीक्षित किए बिना कैसे रहने देते? जब तक मस्तिष्क में विकार है, तब तक शेष शरीर के हृष्ट-पुष्ट होने से ही काम नहीं चलता और काश्मीर भारत का प्राकृतिक दृष्टि से ही नहीं, ज्ञान और विज्ञान की दृष्टि से भी मस्तिष्क ही था।

आचार्य शंकर मंदिर की ओर चले। अनेक विद्वान् वहाँ पर उपस्थित थे। वे सोचते थे कि अन्य विद्वानों की भाँति शंकराचार्य भी शारदा के मंदिर से निराश, दलितदर्प और नतमस्तक लौटेंगे। आचार्य के चरण ज्यों-ज्यों द्वार की ओर बढ़ते, त्यों-त्यों उपस्थित जन-समुदाय की उत्सुकता बढ़ती जाती। जिनको विश्वास था कि शंकराचार्य निश्चित ही असफल होंगे, उनकी प्रसन्नता भी मन-ही-मन बढ़ती जाती, क्योंकि वह क्षण जब शंकराचार्य नीचे गिरकर उनके ही स्तर पर आकर खड़े होंगे, निकट आता प्रतीत होता। शंकराचार्य द्वार पर पहुँचे; हाथ बढ़ाया, सैकड़ों हाथों ने उनका बढ़ता हुआ हाथ देखा। वह हाथ लौटा नहीं किंतु लोगों ने देखा कि उसने द्वार पीछे को ढकेल दिए, द्वार खुल गया और आचार्य ने सहज रूप में अंदर प्रवेश किया। चारों ओर शंकराचार्य की जय-ध्वनि होने लगी। उनके विरोधियों का मुँह लटक गया। जनता की हर्ष-ध्वनि आकाश-मंडल में ऊँची उठती जाती थी, किंतु विद्वानों के पैरों तले धरती खिसक रही थी और वे नीचे गिरते जाते थे।

शारदा की पूजा करके आचार्य शंकर बाहर निकले। जनता ने श्रद्धान्वित

हृदय से उनके दर्शन किए। उनके मुख के चारों ओर एक अलौकिक प्रभा व्याप्त थी। उनके तेज से जनता ने अपने आपको सशक्त अनुभव किया। किंतु हिमाद्रि उनका तेज सहन न कर पाया, वह ग्लानि से गलने लगा। आचार्य शंकर ने उसी समय उपस्थित जनता को उपदेश दिया। भारतीय एकता और आत्मा की सत्यता का संदेश यहाँ भी सुनाया। अनेकानेक विद्वान् जो वहाँ इकट्ठे हुए थे, अब उनके भक्त हो गए थे; आचार्य ने उनको आदरपूर्वक अपने साथ लिया। वे जगद्गुरु थे, फिर भी विद्वानों का आदर करना वे अपना कर्तव्य समझते थे। उनके इसी व्यवहार ने तो छोटे-बड़े सबको पाश में बाँध लिया था। माया की असत्यता का ढिंढोरा पीटने वाला सच में कितना मायावी था? उनके जीवन का विरोधाभास कई लोगों की समझ में नहीं आता और फिर वे उनके जीवन के संबंध में भ्रमपूर्ण धारणाएँ बना लेते हैं।

शंकराचार्य कश्मीर में कुछ दिन रहे। जिस स्थान पर रहे, वह 'शंकराचार्य की पहाड़ी' के नाम से अभी तक प्रसिद्ध है। किंतु केवल एक पहाड़ी को ही शंकराचार्य की पहाड़ी कहना भूल होगी, क्योंकि जिस-जिस जगह उनके चरण गए, वह उनका है, भारत का है और वे चरण आसिंधु-सिंधु भारत के कण-कण का स्पर्श कर चुके थे।

□

ध्येय सिद्धि

संपूर्ण उत्तर और पश्चिम भारतीय संस्कृति की समन्वय-सुधा का पान कर चुका था। केवल सुदूर पूर्व का प्राग्ज्योतिष प्रांत ही ऐसा रह गया था, जहाँ अभी तक शंकर की शब्द-ध्वनि नहीं पहुँची थी। अतः आचार्य ने पूर्व की ओर प्रयाण किया। उनका शिष्य-वर्ग उनके साथ था। अनेकानेक नदियों को पार करते हुए वे प्राग्ज्योतिष पहुँचे। यहाँ पर शाक्य धर्म का बहुत प्रसार था। कामरूप का कामाख्या देवी का मंदिर आज की भाँति उस समय भी चारों ओर प्रसिद्ध था। दूर-दूर से यात्री देवी के दर्शनों को आते थे, किंतु शक्ति के शुद्ध और तात्त्विक स्वरूप का साक्षात्कार करने के स्थान पर मंत्र-तंत्र के भँवर में फँसकर वाममार्ग के गर्त में डूब जाते। जीवन और राष्ट्र की वास्तविक शक्ति के स्थान पर ये तंत्रशक्ति के पीछे भागते और पथभ्रम हो ध्येय से दूर जा पड़ते।

भगवान् शंकर के चरण प्रक्षालन करके मानसरोवर ज्ञान और भक्ति का चरणोदक सिंधु और ब्रह्मपुत्र के द्वारा भारत को भेजता है। दोनों सरिताओं के बाहुपाश में जकड़ा भारत युग-युग से शिव की आराधना करता आ रहा था। पश्चिम को शिव का प्रसाद शुद्ध रूप से प्राप्त हुआ। इसीलिए वहाँ ज्ञान की निर्मल धारा प्रवाहित होती थी, किंतु पूर्व में मानसरोवर से निकली ब्रह्मपुत्र जब तिब्बत की पहाड़ियों में अपना वास्तविक स्वरूप भूलकर साँपी बन गई तो वह शिव के ज्ञान की थाती को भी शुद्ध न रख सकी। फलतः तिब्बत के तंत्रवाद से मिश्रित शाक्तवाद पूर्व में प्रचलित हुआ, उसमें ज्ञान की शुभ्र ज्योत्स्ना नहीं थी किंतु अज्ञान की हरीतिमा छिपी हुई थी, कुंकुम का स्वर्णिम

एवं आह्लादकारी शीतल सौरभ नहीं था किंतु चाय की मटमैली एवं तापकारी मादकता थी। आचार्य शंकर ज्ञान के इस विकार को सहन नहीं कर पाए; विदेशी प्रभाव उनको भारतीय जीवन के लिए घातक प्रतीत हुआ और इसीलिए अपने जीवन की बाजी लगाकर भी उन्होंने उसका समूलोच्छेदन अपना कर्तव्य समझा।

कामरूप में आचार्य शंकर को बहुत कष्ट झेलने पड़े। वहाँ के शाक्तमतवादी तंत्रवाद और वाममार्ग के वासनामय प्रभाव के कारण बुद्धिवाद को तिलांजलि दे चुके थे। जीवन की अनैतिकता जब धार्मिक आचार-विचार का आवरण पहनकर नैतिकता की बराबरी का दावा करने लगती है, तब सुधार का कार्य बहुत कठिन हो जाता है। पाप को पुण्य मानकर करने वाले व्यक्ति को पुण्य-मार्ग पर चलाना दुष्कर होता है। शाक्तमतवादियों के जीवन में वाममार्ग के प्रवेश के कारण श्रद्धा और भक्ति की शक्ति के साथ-साथ वासनाजनित दुराग्रह भी आ गया था। यह वासना राष्ट्र-जीवन को जर्जर किए हुए थी। संपूर्ण शरीर हृष्ट-पुष्ट होते हुए भी पीठ में नासूर की तरह प्राग्ज्योतिष काम कर रहा था।

आचार्य शंकर दृढव्रती थे। अत: वे कार्य की दुष्करता के कारण पीछे हटने वाले नहीं थे। यहाँ के नेताओं और विद्वानों को उन्होंने हठवादी पाया। तर्क की तराजू पर तौलते हुए सदा ही डंडी मारना वे अपना कर्तव्य समझते थे। सत्य को देखकर भी वे नहीं देखना चाहते थे। आचार्य शंकर के तत्त्व बुद्धि-ग्राह्य और तर्क-सम्मत होने पर भी वे नहीं समझना चाहते थे। क्योंकि समझने से उनके स्वार्थ और नेतृत्व पर आघात होता था। धर्म की आड़ में जिन दुराचारों को व्यवहार में लाया गया था, उनके संस्कार जीवन पर पड़ चुके थे। इच्छाशक्ति इतनी निर्बल हो गई थी कि वह दुर्वृत्तियों पर विजय पाने में असमर्थ थी। ऐसे समय में अपने दुराचारों को धर्मोचित और न्यायोचित ठहराने का दुराग्रह करना ही अपने ऊँचे पद और नेतृत्व को बनाए रखने का एकमेव मार्ग रह गया था। आचार्य शंकर ने उनका यह दुराग्रह थोड़े ही दिन में पहचान लिया। इसीलिए उनके ऊपर प्रयत्न करके अपनी शक्ति को व्यर्थ करना उन्होंने उचित नहीं समझा। इसके विपरीत उन्होंने देखा कि साधारण जनता अधिक सात्त्विक मनोभाव रखती थी। उसके जीवन में

वासना के संस्कार भी इतने दृढ नहीं थे तथा उसके समक्ष अहंकार और स्वार्थ का भी प्रश्न नहीं था। जीवन के कल्याण की बातें वह सहज रूप में समझ सकती थी। चाहे वह शब्दाडंबर और मोहक तत्त्वों की ऐय्याशी का शिकार बन गई हो, किंतु उससे समरस होकर उसकी कर्ता नहीं बनी थी। उसके जीवन में अभी भी लोक कल्याण की भावना थी।

साधारण जन की इस सच्ची भावना को देखकर भगवान् शंकर ने उनमें ही अपना कार्य किया। ज्ञान का सत्य-मार्ग उन्होंने उनको ही दिखाया। जीवन की जिस अपवित्रता के पीछे वे अंधे बनकर दौड़ रहे थे, उसका नग्न स्वरूप उनके सामने रखा, उनके सात्त्विक भावों को जगाया और आत्मा की सत्यता तथा भगवान् की सच्ची भक्ति का परिचय करवाया। जनसाधारण शंकराचार्य के उपदेशों की महत्ता को समझने लगा, उसको अपनी भूल सी मालूम होने लगी। भारतीय एकात्मता का ज्यों-ज्यों जनता साक्षात्कार करने लगी, त्यों-त्यों उसके जीवन में अपवित्रता के स्थान पर पवित्रता का उदय होने लगा।

जनता धीरे-धीरे शंकराचार्य के चारों ओर इकट्ठा होने लगी। उनके शिष्यों के सद्व्यवहार और सहानुभूति एवं प्रेमपूर्ण बरताव ने जनता के हृदय में अपना स्थान कर लिया। हृदय मस्तिष्क का द्वार है। अतः हृदय पर अधिकार होने पर मस्तिष्क पर अधिकार होने में भी देर नहीं लगी। स्वामी शंकराचार्य का शुद्ध वेदांततत्त्व प्राग्ज्योतिष के ग्राम-ग्राम और घर-घर की चर्चा का विषय बन गया। इतना ही नहीं, जनता ने उसको आचरण में लाना भी प्रारंभ किया।

जैसे-जैसे जनता की श्रद्धा शंकराचार्य की ओर होने लगी, वैसे-वैसे पुराने सशक्त नेताओं का सम्मान कम होने लगा। उनको मालूम हुआ कि उनके बनाए हुए महल की नींव से कोई ईंटें निकाल रहा है। उस महल के शिखर पर आसीन वे एकाएक किसी दिन जमीन चाटने लगेंगे, यह उन्हें स्पष्ट दिखने लगा। उनमें इतनी शक्ति और श्रद्धा तो थी नहीं कि शंकराचार्य के मुकाबले में वे जनता के समक्ष खड़े हों। अतः ईर्ष्यावश उन्होंने सत्यमार्ग का अवलंबन न करते हुए असत्य मार्ग का अवलंबन किया। कहते हैं कि एक दिन एक कापालिक के द्वारा उनके शिरोच्छेद का प्रयत्न किया गया,

किंतु वह उनके शिष्यों की सतर्कता के कारण सफल न हो सका।

आचार्य शंकर बच तो गए किंतु अभिनव गुप्त उनको अपने मार्ग से हटाना ही चाहता था। उसने अनेक विधियाँ करके उनका अहित करने का प्रयत्न किया। प्राग्ज्योतिष के जलवायु का भी आचार्य के बलिष्ठ शरीर पर प्रभाव पड़ा, और उनको भगंदर रोग हो गया। रोग-ग्रस्त होने पर शिष्यों ने उनसे प्रार्थना की कि वे प्राग्ज्योतिष छोड़कर अन्य स्वास्थ्यकर स्थान पर चले जाएँ। किंतु आचार्य को यह मान्य नहीं था, क्योंकि अभी प्राग्ज्योतिष में उनका कार्य पूरा नहीं हुआ था। "भगवान् ने यह शरीर विशेष कार्य को पूर्ण करने के लिए दिया है," उन्होंने कहा, "कार्य के स्थान पर मैं शरीर की चिंता करने लगूँ तो भगवान् की इच्छा के विरुद्ध होगा।"

शिष्यों के अनेक आग्रह करने पर भी वे चिकित्सा तक नहीं करवा पाए, क्योंकि इसका भी उन्हें अवकाश नहीं था। उनका कार्य अबाध गति से चलता रहा। धीरे-धीरे उन्होंने संपूर्ण पूर्व दिशा का भ्रमण कर लिया तथा चारों ओर अद्वैत का प्रचार किया।

उनका कार्य अब पूर्ण हो चला था। पद्‌मपाद की सेवा शुश्रूषा से उनका रोग धीरे-धीरे कम हो गया। माता के इस वाम अंग को वाम मार्ग के रक्त रोग से मुक्त करके संपूर्ण शरीर की भाँति कांतिमान कर दिया। इस अंतिम कार्य को करने के बाद उन्हें अनुभव होने लगा कि अब उनके जीवन का ध्येय उन्होंने प्राप्त कर लिया। अतः हिमालय में जाकर चिंतन, मनन और तपस्या का विचार किया।

□

महत्तत्त्व में विलीन

भारतीय जीवन में हिमालय का एक विशेष स्थान एवं आकर्षण है। उसके प्रति प्रत्येक भारतीय का सिर कृतज्ञता के भार से झुक जाता है। वह माता के संतरी के समान दृढता से खड़ा है, अनेक बर्बर जातियों ने उसके ऊपर प्रहार किए, चोटें खा-खाकर स्वयं पत्थर बन गया किंतु उनको अंदर नहीं आने दिया। उत्तर के शरीर को भी भेदने वाली बर्फानी वायु को स्वयं पी जाता है, अपने शरीर को हिममय बनाकर दधीचि के समान हमारी रक्षा करता है। उद्धत दक्षिण सागर मेघ बनकर भारत की सीमा को पार करने का असफल प्रयास करता है, किंतु वह इस प्रहरी से नहीं बच पाता, वह अनुनय-विनय करता है, आर्द्रता दिखाता है, चीखता है, चिल्लाता है, आँखें तरेरता है, आठ-आठ आँसू रोता है, किंतु इस पत्थर हृदय, प्रहरी का दिल नहीं पसीजता, हार मानकर सागर में पानी-पानी होकर लौट जाता है, और हिमालय सागर की धृष्टता के दंड-स्वरूप जल लेकर हमको दे देता है, स्वयं नहीं रखता। निदाघ में तप्तांशु के प्रचंड करों से जब संपूर्ण भारत भूमि जल उठती है और उसकी संतान शुष्क कंठ हो तड़फड़ाने लगती है, तब हिमालय ही अपने शरीर को गला-गलाकर हमको जलदान करता है। गंगा, यमुना और सिंधु अमृत-कलश लिए उसकी गोद से उतरकर हमको जीवन दान देती हैं। प्रभात के समय सुवर्ण रश्मियाँ जब हिमालय को स्नान कराती हैं तो वह उनकी सुवर्ण प्रभा को छीनकर अनंत रत्नों तथा नाना प्रकार की वीर्यवती औषधियों के रूप में हमको दे देता है। शंकराचार्य के हृदय में हिमालय का महत्त्व केवल इस सांसारिक दृष्टि से ही नहीं था, किंतु वे उसे अपने सत्य

तत्त्वों का मूर्तिमंत प्रतीक देखते थे; संपूर्ण विश्व की समृद्धि वृद्धि करते हुए भी उससे अलिप्त, विरक्त, शांत और ध्यानस्थ कर्मयोगी के रूप में हिमाचल उनके सामने खड़ा था। वे उस वृत्ति को हृदय में धारण कर लेना चाहते थे। उनके लिए हिमालय त्रिविष्टप की पवित्र भूमि, अनेक तपस्वियों की तपोभूमि तथा पुरुषार्थियों की कर्मभूमि थी। भगवान् शंकर का वासस्थान उनके समान ही योगमय किंतु सर्वतोभावी, साम्य किंतु भीषण, शांत किंतु सिंहनाद परिपूर्ण, दयालु किंतु कठिन, अवघड़ दान देते हुए भी अतिशय धनाढ्य, अनेक की मृत्यु का कारण होते हुए भी जीवनदाता, वल्कल धारण किए हुए भी दिगंबर, हिमांशुधारी होकर भी उग्र था। हिमालय की विशालता ने उनको आकृष्ट किया, उसकी उच्चता उनको बुला रही थी, मानो उसको वह मोक्ष की सीढ़ी बना लेना चाहते थे। वे हिमालय के गांभीर्य का पान कर लेना चाहते थे अथवा जगद्‌गुरु शंकराचार्य बिना हिमालय की जय किए कैसे दिग्विजयी कहलाते। हिमालय मस्तक ऊँचा किए खड़ा था, वे उसे बता देना चाहते थे कि उसके जीवन में भी विश्व का मानदंड बनने की शक्ति है। वे भी उसके समान महान् विशाल, गंभीर एवं अखंड कर्ममय संन्यस्त जीवन व्यतीत कर सकते हैं अथवा जीवन में सदा गुरुता का भार लिए संसार में अपने शिष्यों के गुरुस्थान पर अवस्थित सदा बड़प्पन का ही अनुभव करने वाले शंकराचार्य हिमालय की गोद में आत्मसमर्पण के सुख का अनुभव करना चाहते थे। अपने परमगुरु भगवद् गौड़पादाचार्य के दर्शनों के निमित्त वे एक बार बदरिकाश्रम गए थे किंतु माता आर्यंबा के संदेश ने उनको शीघ्र ही बुला लिया। तब से वे हिमालय का प्रवास नहीं कर सके। यद्यपि महनीय हिमाद्रि की गुफाओं से गुप्ततम ज्ञान को खींचकर लाने के स्थान पर उन्होंने वही ज्ञान अपने मानस की गहन गुत्थियों को सुलझाकर प्राप्त किया था, किंतु इससे उनको संतोष नहीं होता था। हिमालय उनको जीवन भर बुलाता रहा था, अब भावना के इस प्रकार के मार्ग में कर्तव्य आड़े नहीं आता था। अतः उन्होंने बदरिकाश्रम की ओर प्रस्थान कर दिया।

आचार्य शंकर बदरिकाश्रम में अधिक दिन नहीं रह पाए। वहाँ से उन्होंने केदारनाथ की यात्रा की। पांडवों की स्वर्ग-यात्रा उनके सम्मुख थी। उन्हें भी भान होने लगा कि उसी मार्ग पर कोई उनको बुला रहा है। यह

बुलाहट रोकी नहीं जा सकती थी। यम का हाथ किसने पकड़ा है। बस एक दिन आचार्य शंकर ध्यानमग्न हो समाधिस्थ हो गए। सब शिष्यगण देखते रह गए। वेदांत का तत्त्व जानते हुए भी उनका हृदय आचार्य के शरीर के लिए छटपटाने लगा; उनकी आँखें रोईं, किंतु हिमालय के शीत में गरम आँसुओं की बूँदों को हिम बनते देर नहीं लगी।

आचार्य शंकर भारतवर्ष के अवतारी महापुरुषों में से एक हैं। हमारे राष्ट्रजीवन की रचना में उनका बहुत बड़ा हाथ है। धर्म और तत्त्वज्ञान के क्षेत्र में उनका स्थान अत्यंत उच्च है। उनकी दी हुई प्रस्थानत्रयी सदा ही ध्रुवतारे सा काम करती रही है। उनके पश्चात् भी अनेक आचार्य हुए—उनके मत का संशोधन और संस्करण करने वाले तथा उनका विरोध करने वाले भी, किंतु प्रत्येक को प्रस्थानत्रयी का ही आश्रय लेना पड़ा है। प्रस्थानत्रयी से ही उन्होंने अपने मत का प्रतिपादन किया। आत्मा की महनीयता भावों की शांतता, मस्तिष्क की दृढता तथा बुद्धि की तीक्ष्णता में वे अप्रतिम थे। उनके विचार उदात्त थे, उनकी प्रतिभा सर्वतोन्मुखी थी। उनका तर्क सूक्ष्म तथा उनका तात्त्विक दृष्टिकोण सर्वग्राही था। इसमें कौन उनकी समानता करेगा? तात्त्विक गंभीरता और धार्मिक भावुकता में वे भगवान् बुद्ध से भी दो पग आगे ही थे। उनका जीवनादर्श साहस और शक्ति से परिपूर्ण था, जिसने संपूर्ण समाज में जीवन और चेतना भर दी। उन्होंने समाज के भिन्न-भिन्न मत, तत्त्व और संप्रदायों की मूलभूत एकता को जिस प्रकार तर्क-शुद्ध और आकर्षक रूप में रखा तथा उनके द्वारा राष्ट्र की समस्याओं को जिस निष्पक्षता से सुलझाया, वह उन्हीं के लिए संभव था। उन्होंने अपनी टीकाओं द्वारा प्राचीन वाङ्मय के उस स्वरूप को प्रकट किया, जिसमें तत्कालीन समस्त विचारों की एकता नष्ट हो गई तथा प्रगतिवादी विचारों के प्रश्नों को उत्तर मिल गया। उनकी व्याख्या अत्यंत सरल, सरस तथा सुस्पष्ट है। उनके उपर्युक्त गुणों के कारण वे आज भी संसार के तत्त्वज्ञानियों के सिरमौर बने हुए हैं।

भारतीय राष्ट्र जीवन में भगवान् कृष्ण के पश्चात् उनका ही आविर्भाव राष्ट्र की मूलभूत एकता को व्यावहारिक स्वरूप देने में समर्थ हुआ। भगवान् कृष्ण ने गीता के द्वारा भिन्न-भिन्न विचार-धाराओं में एकात्मता निर्माण करने का प्रयत्न किया तथा राष्ट्र की इस एकात्मता को धर्मराज युधिष्ठिर के

चतुरंत साम्राज्य के रूप में स्थापित किया। आचार्य शंकर ने यद्यपि धर्मराज के समान किसी राजनीतिक महापुरुष को भारतीय एकता का प्रतीक नहीं बनाया किंतु राष्ट्र-जीवन के प्रत्येक क्षेत्र में एकता का निर्माण करके तथा उस एकता के संस्कारों को डालने वाली परंपरा को पुष्ट करके जो सांस्कृतिक जीवन की एकात्मता को शक्ति दी है, उसके कारण आज तक छिन्न-विच्छिन्न होने पर भी भारत आंतरिक एकता को सत्यसृष्टि में परिणत करने को लालायित है। अनेक में एक के अपने प्राचीन सिद्धांत को आचार्य शंकर ही आत्मिक, भौतिक, नैतिक, धार्मिक, सामाजिक और राजनीतिक क्षेत्रों में अपने अद्वैत के सिद्धांत का प्रतिपादन करके व्यावहारिक जगत् में लाए। यही सिद्धांत मानव मात्र की शांति और कल्याण का कारण होगा।

आचार्य शंकर के सिद्धांत और प्रयत्नों के परिणामस्वरूप भारतवर्ष एक ओर तो रूढ़िवादी कर्मकांड और दूसरी ओर नास्तिकवादी जड़वाद के गर्त में गिरने से बच गया। आचार्य शंकर ने भारतवर्ष का उद्धार किया, हम भी अपने इस महान् राष्ट्र पुरुष के प्रति इससे अच्छी कौन सी श्रद्धांजलि अर्पित कर सकते हैं कि उनके इस एकत्व के सिद्धांत को अपने जीवन में लाकर पुनरपि भारतवर्ष को उन्नत एवं वैभवशाली बनाएँ। बत्तीस वर्ष की आयु में इतना महान् कार्य करने वाले आचार्य शंकर के अखंड कर्ममय जीवन से हमारे जीवन को भी कर्म की स्फूर्ति प्रदान हो तथा अपने पुरुषार्थ, निश्चय, निष्ठा और त्याग के बल पर अद्वैत के सत्य सिद्धांतों के द्वारा संपूर्ण संसार को सच्ची शांति का सुख देकर उन्हें जगद्गुरु के वास्तविक पद पर आसीन कराए। यही है, उनका पुण्य स्मरण एवं उनकी सच्ची पूजा।

□□□